辽宁省优势特色重点学科建设丛书
渤海大学教育学学科建设丛书

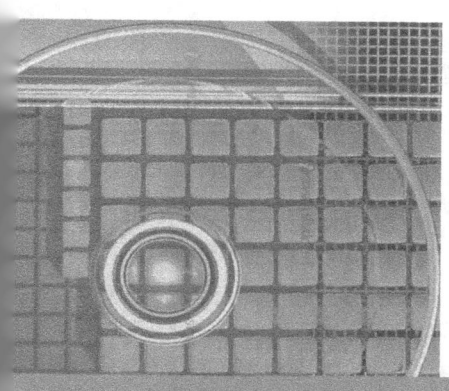

JIAO XUE SHE JI YAN JIU

教学设计研究

戴　莹◎著

中国出版集团
世界图书出版公司

图书在版编目（CIP）数据

教学设计研究 / 戴莹著. —广州：世界图书出版
广东有限公司，2014.3

ISBN 978-7-5100-5570-6

Ⅰ．①教… Ⅱ．①戴… Ⅲ．①课堂教学－教学设计－
小学 Ⅳ．①G622.421

中国版本图书馆 CIP 数据核字（2014）第 004999 号

教学设计研究

策划编辑：	陈名港
责任编辑：	钟加萍
责任技编：	刘上锦 余坤泽
出版发行：	世界图书出版广东有限公司
	（广州市新港西路大江冲 25 号 邮编：510300）
电 话：	020-34203432
http：	//www.gdst.com.cn
编辑邮箱：	gzzjp2012@126.com
经 销：	全国各地新华书店
印 刷：	虎彩印艺股份有限公司
印 次：	2014 年 3 月第 1 版 2014 年 6 月第 2 次印刷
规 格：	710mm×1000mm 1/16 15.75 印张 242 千字
书 号：	ISBN 978-7-5100-5570-6/G·1553
定 价：	42.00 元

若因印装质量问题影响阅读，请与承印厂联系退换。

前　言

　　作为一名教师能上一手好课，使自己的每一节课都精彩，受到同行好评、学生们的尊重，那是无比自豪的事情。然而"要给学生一碗水，自己要有一桶水"是不够的，一桶水是否都能倒入碗中，怎样倒是关键，你纵有才学八斗，但站在讲台上讲不出来，或讲出来学生根本不理解，那绝不是成功的教学。这就需要每个教师不仅要有丰富的知识储备，还必须有扎实的教学艺术底蕴，对教学做精心设计。可见教学设计是上好一节课的前提，教学的最优化是教学设计的本位和真元！

　　"设计"是我们十分熟悉的词，是指根据一定的目的和要求，以掌握的相关情况对事物的发展趋势、解决问题的主客观方面条件做推迟分析，在行动之前，根据指导思想、方法、途径进行计划，并形成完整方案。设计已渗透到社会各行各业、各个领域，已成为"理想"与"现实"之间的桥梁、纽带。教学无论从哪个层面、哪个步骤都离不开设计，自从有教学的时候起，就有对教学活动的计划、组织和实施，就有教学设计。新课程的实施赋予教学设计更多的内容，给学校和教师提出了新要求，带来了新变化。课程改革成功的关键是教师，只有教师真正理解了新课程的理念，并落实到教学实践中，才能使新课程得到真正的落实。这就要求一方面对教师进行新课程内容的培训，另一方面教师要不断研习，了解新课程教学设计方法，掌握具体的操作步骤，在实践中

勇于探索，积累经验，提高自身教育教学水平。

　　本书分为两大部分，第一部分是理论编，主要从教学的角度阐述教学设计的基础理论及其具体内容、操作步骤。其主要内容：一是围绕着教学设计的指导思想及对我国新课程改革影响较大的教学设计理论，帮助学习者理解教学设计的新要求、新变化，学习和掌握教学设计的意义；二是针对教学设计的教学目标设计，学习任务分析、起点行为分析、标准参照测验设计、教学策略设计、教学材料的开发、选择与编制、教学评价设计等各个环节，系统阐述其操作过程、设计策略及要点，使新课程教学设计更符合课程改革的要求。第二部分是实践编，汇集了小学数学、语文等学科，且包括小学各学科教学设计实例：一是小学数学课、语文课教学设计的研制，通过教学设计的不断研制，力求使学习者从中体会新课程提倡的教学理念与方法，领悟教学设计是一个系统的、不断修正与完善、最优化的过程；二是选取了小学各学科教学设计案例，通过案例赏析，使学习者对不同学科教学设计的风格、特点有所了解，以便在未来的学习工作中不断实践，探索。本书的教学设计案例多来自教育实习基地学校，都是第一线教师亲自实践和探索的结果，在一定程度上经受了课堂教学的检验，为了保持各教学设计原貌，本书没有对案例的写作风格、格式进行统一修改。究其根本，这些案例仍然只是"他山之石"，要使自己的教学设计有所突破，需要不断揣摩，提高自身的专业素养、教学设计能力。

　　本书是笔者近十年教学工作的结晶，在写作过程中参考了大量的文献资料，虽然将主要参考文献列出，但不免会有遗漏，恳请作者原谅；提供教学设计案例的（设计）老师均在书中相应部分一一标注。在此，我首先对他们表示衷心的感谢，是他们的聪明才智和辛勤劳动成就了本书；其次，对渤海大学教育与体育学院领导、同仁的大力支持，对出版社的编辑的辛勤工作致以诚挚的谢意！

　　"写"而后知不足，由于我自身的水平有限，本书一定有许多不当之处，恳请各位专家、读者赐教。

戴　莹

2013 年 1 月于渤海大学

第一章
教学设计的理论基础

国外的教学设计研究从 20 世纪 60 年代起步，在 90 年代涌现出一批富有特色的教学设计理论，它们的共同特点是从整体上综合考虑教学过程的各种因素。教师借鉴国外的先进经验，了解教学设计的指导思想、理论基础，掌握教学设计的基本操作程序，对教学设计有个全面的认识，能更好地进行教学设计。

第一节 教学设计概述

一、教学设计的界定

教学设计自 20 世纪 80 年代传入我国，就以它独特的程序化、精确化和合理化现代教学技术的魅力，受到人们的关注和青睐。教学设计是教学开发的重要组成部分，随着教学开发运动深入发展，教学设计日益受到重视，是适应范围广泛的多学科研究领域。

如果从 1962 年格拉泽（Robert Glaser）[①] 明确地提出"教学系统"概念以及对教学系统进行设计算起，作为一门正式的学科，"教学设计"已经历了半个世纪的发展历程，理论基本趋于成熟。它最初诞生于美国。第二次世界大战的爆发，使得大批富有经验的教育心理学研究者（其中包括 robert gagne，Leslie Briggs，Robert Merril，等等）被征集去指导与军队服役和工厂工人的培训相关的教材的研究及开发、对人员的选拔，以及使用行为主义的技术开发教学资源。"二战"结束后，这批教育心理学家继续为解决教学问题而工作，并开始将训练视为系统，试图开发包括一系列创新的分析、设计和评估程序在内的比较正式的教学系统。[②] 它在美国经历了最初的发展阶段，随后则跨海越洋传播至世界其他许多国家。20 世纪 50 年代到 80 年代，以加涅[③]为代表的"第一代教学设计理论"已较成熟，其标志是加涅的《教学设计原理》的问世；80 年代到 90 年代初，情境教学、构建主义心理学与计算机多媒体技术相结合的"第二代教学设计理论"崛起，其标志是教学设计涉及整个教学系统，理论趋于综合。

我国起步较晚，20 世纪 80 年代中期，随着改革开放与教育事业的繁荣发展，教学设计被引进我国，才有学者触及到教学设计，为该学科的建设作出了自己的贡献。90 年代初出现了四支研究力量：电化教育界工作者、教育心理学的专业工作者、教学论工作

---

① Robert Glaser 1949 年从 Indiana University 获得心理、测量与学习理论的哲学博士学位（Ph. D.），主要研究兴趣包括：认知与教学、学习理论、教育与思维、评估与能力发展，现任匹兹堡大学心理学杰出退休教授、学习研究与发展中心荣誉主任和高级科学家。20 世纪 50 年代与著名学者 Lumsdaine 合作进行的对程序教学的研究在当时的学术界具有重要影响，清楚阐述了 Skinner 的程序教学思想是如何得以成功深入各种教育与培训实践中并促进个体学习的。他把行为分析的基本原理扩展应用于个性化教育中，首次发展出了个性化处方教学（Individually Prescribed Instruction）的模型。1976 年，在 *Review of Educational Research* 发表了《教学心理学的构成：迈向一门设计科学》一文，首次提出了"设计的科学"（Scienceof Design）的概念，对教学设计的科学化发展发挥了重要作用。

② 《教学设计的国际观》第 2 册解决教学设计问题。

③ 加涅，美国教育心理学家，1916 年出生于美国马萨诸塞州北安多弗。原是经过严格的行为主义心理学训练的心理学家。在其学术生涯的后期，他吸收了信息加工心理学的思想和建构主义认知学习心理学的思想，形成了有理论支持也有技术操作支持的学习理论。这一理论解释了大部分课堂学习，并提出了切实可行的教学操作步骤。他是信息加工学的代表人物，1974 年获桑代克教育心理学奖，1982 年又获美国心理学会颁发的应用心理学奖。

者、中小学教研人员。由于参加教学设计人员的背景不同，工作岗位不同，任务和性质不同，对研究对象关注的视角和取向不同，教学设计的侧重点不同，因此他们解释描述教学设计的定义也各有侧重，归纳起来大致有如下一些观点：一是"计划"说。把教学设计界定为用系统的方法分析教学问题，研究解决问题途径，评价教学结果的计划过程或系统规划。这种论点的代表当推美国学者肯普，他给教学设计下的定义是："教学设计是运用系统方法分析研究教学过程中相互联系的各部分的问题和需求，在连续模式中确立解决它们的方法步骤，然后评价教学成果的系统计划过程。"二是"方法"说。把教学设计看作是一种"研究教学系统、教学过程和制定教学计划的系统方法"。而这种方法与过去的教学计划不同，其区别就在于"现在说的教学设计有明确的教学目标，着眼于激发、促进、辅助学生的学习，并以帮助每个学生的学习为目的"。三是"技术"说。鲍嵘在《教学设计理性及其限制》一文中认为，教学设计是一种"旨在促进教学活动程序化、精确化和合理化的现代教学技术"。四是"方案"说。该观点认为"教学设计是运用系统方法分析教学问题和确定教学目标，建立解决方案、评价试行结果和对方案进行修改的过程"。这种观点在我国有较大的影响面，代表人物是乌美娜。五是"操作程序"说。该观点认为"教学设计就是运用系统方法和步骤，并对教学结果作出评价的一种计划过程与操作程序"[①]。通过对国内外教学设计概念界定的比较分析可以发现，人们是从以下三个方面来界定教学设计的：一是从教学设计的形态描述来界定，如"计划"与"方案"说；二是从教学设计的功能来界定，如"方法"与"操作程序"说；三是从揭示教学设计本质来界定，如"技术"说。

教学是一个有目标的以系统的方式传授知识的活动，设计就是为实现某一目标所进行的决策活动，基于以上分析，我们认为教学设计是运用系统方法，将学习理论与教学理论的原理转换成对教学目标、教学内容、教学方法和教学策略、教学评价等环节进行具体计划，创设教与学

---

① 林宪生：《教学设计的概念、对象和理论基础》，《电化教育研究》2000 年第 4 期。

的系统"过程"或"程序",而创设教与学系统的根本目的是促进学习者的学习。[①]

教学设计具有以下一些特征:

第一,教学设计是把教学原理转换成教学材料和教学活动的计划。教学设计要遵循教学过程的基本规律,选择教学目标,以解决教什么的问题。

第二,教学设计是实现教学目标的计划性和决策性活动。教学设计以计划和布局安排的形式,对怎样才能达到教学目标进行创造性的决策,以解决怎样教的问题。

第三,教学设计以系统方法为指导。教学设计把教学过程各要素看成一个系统,分析教学问题和需求,确立解决的程序纲要,使教学效果最优化。

第四,教学设计是提高学习者获得知识、技能的效率和兴趣的技术过程。教学设计是教育技术的组成部分,它的功能在于运用系统方法设计教学过程,使之成为一种具有操作性的程序。

二、教学设计的指导思想

(一)现代教育观念

教学设计作为教育科学中的一门学问,是受一定的教育观念的支配的。因此,现代教育观念理所当然地成为教学设计的指导思想之一。现代教育观念是在传统教育的基础上发展起来的。随着社会的需求所决定的教育价值的取向的变化,教育观念也随之变化,主要表现在以下八个方面:

(1)"教育"的概念发生了根本变化。现代大教育观念变"学校即教育"的狭隘教育观为"学习社会化,社会学习化"的终身教育观。

(2)传统教育不尊重学生的个性,对学生的差异持消极态度;而现代教育观相信学生人人都能学习,承认、尊重、发展学生个性,力图让所有的学生都处在学习的优势之中。鼓励学生积极参与学习过程,建立

---

① 何克抗:《教学系统设计》,北京师范大学出版社2002年版。

学习信心，从而取得成功的学习。

（3）现代教育观强调教与学的统一。教为主导，学为主体。

（4）传统的知识教学观改变为现代的发展教学观，注重能力培养。

（5）现代教育观打破以往单一的面对面的集体授课方式，而发展个别化教学，小组交互教学与集体授课相结合，重视对学生自主学习环境的创造。

（6）现代教育观强调信息社会的资源共享。

（7）现代教育观特别重视目标的评价。

（8）现代教育观认为教学过程是教师行为、教学内容与学生行为的互相作用，不是不可预测的，经过系统科学的分析是可以找出其规律和模式的。

（二）系统思想与方法

教学设计是始终涉及人的因素的活动，是应用人类已有的教育心理方面的研究成果来解决教学问题，而这些成果分支很多，需要整合和综合才能使其应用真正合理、见效。因此，必须采用系统的思想和方法做指导。

所谓系统是由互相作用、互相依赖的若干组成部分结合成具有特定功能的有机整体。任何系统都包括五个要素：人、物、过程、外部限制因素和可用资源，这五个要素间有三种联系形式：①过程的时间顺序；②各因素间数据或信息流程；③从一个系统中输入或输出的原材料（人或物）。

所谓系统方法则是运用系统理论的观点和方法，研究和处理各种复杂的系统问题而形成的方法，即按照事物本位的系统性把对象放在系统的形式中加以考察的方法。系统方法注意发现系统的规律性。从而指明解决复杂系统问题的一般步骤、程序和方法。

三、教学设计的研究对象

教学设计的研究对象是教学过程的系统程序，具体体现在以下几方面：

（一）教学设计要研究教与学的关系

教学过程是由许多教学因素构成的，因此，教学过程存在着错综复杂的各种关系。其中，教师、学生、教学内容和手段是主要因素，而教师与学生又是主要因素中最为活跃的因素，是教学活动的主体，两者之间的关系是教学过程中最本质的关系，在教学活动中，教师和学生、教与学两者相互依存，相互促进，相互制约，共同构成了教与学的矛盾运动过程。教与学的矛盾是贯穿教学过程始终的主要矛盾，这一矛盾的发展，确定了教学的本质和规律。因此在教学设计研究中，抓住了这一本质关系，就是抓住了教学设计研究的根本，探索教与学关系的过程，也就是揭示教学本质，总结教学规律和形成教学理论的过程。只有摆正了教与学关系的位置，才能使教学原理转换成教学材料和教学活动计划，才能使教学设计成为实施教学计划的指南。

（二）教学设计要研究教与学的目标

教学设计不论是对整个一门课程的设计，还是对一个单元、一节课的设计，最终目的是要完成教学任务，实现教学目标。因此，对教学目标的研究就显得格外重要了。影响教学目标确立的因素很多，如哲学家、社会学家、心理学家和教育学家考虑教学目标的角度和观点并不一致，即使是中小学课程标准规定的教学目的和目标，由于它所具有的滞后性，同样存在信度问题。这就要求教学设计研究者，既要研究外在目标，又要研究内在目标，做到外在目标与内在目标的统一，教的目标与学的目标的统一，以保证教学设计的效度。

（三）教学设计要研究教与学的操作程序

将教学原理和规律运用于教学实践是教学设计研究的核心问题。教学设计要研究解决教学问题和需求的各种方法及适用范围和操作要求、教学媒体运用的程序纲要、课堂管理的技术和方法、教学效果的评价工具和方式的编制技术及使用规范、教学调控策略等。概言之，就是要研究教师怎样教、学生怎样学的技术问题。

四、教学设计的操作程序

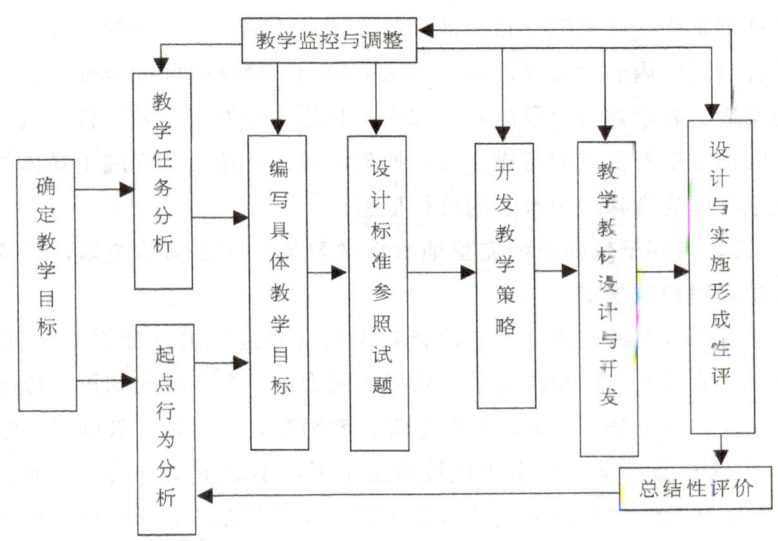

五、学习和掌握教学设计的意义

（一）有利于教师掌握先进的设计理论，提高教师的素质

　　教学设计的过程实际上就是为教学活动制定蓝图的过程。通过教学设计，教师可以对教学活动的基本过程有个整体的把握，可以根据教学情境的需要和教育对象的特点确定合理的教学目标，选择适当的教学方法、教学策略，采用有效的教学手段，创设良好的教学环境，实施可行的评价方案，从而保证教学活动的顺利进行。

　　另外，通过教学设计，教师还可以有效地掌握学生学习的初始状态和学习后的状态，从而及时调整教学策略、方法，采取必要的教学措施，为下一阶段的教学奠定良好基础。从这个意义上说，教学设计是教

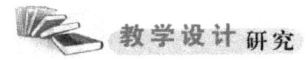

学活动得以顺利进行的基本保证。好的教学设计可以为教学活动提供科学的行动纲领，使教师在教学工作中事半功倍，取得良好的教学效果。

（二）有利于教学理论与教学实践的结合

教学设计为教学理论与教学实践的有效结合提供了现实的结合点，它既有一定的理论色彩，但同时又是明确指向教学实践的。在成型的教学设计方案中，各类教学目标被分解成了具体的、操作性的目标，教学设计者对教学内容的选择、教学方法的运用、教学时间的分配、教学环境的调适、教学评价手段的实施都作了具体明确的规定和安排。这一系列的安排都带有极强的可操作性，抽象的理论在这里已变成了具体的操作规范，成为教师组织教学的可行依据。

（三）有利于教师更加完整地看待学习与教学之间的关系，形成正确的学习观和教学观

学生是学习的主体，所有的新知识只有通过学生自身的"再创造"活动，才能纳入其认知结构中，才可能成为下一个有效的知识。传统的课堂设计，常常是"教师问，学生答；教师写，学生记；教师考，学生背"。在这样教学下，学生机械被动地学习，不能主动对话、沟通、交流。教师是教学过程的组织者和引导者，教师在设计教学目标，组织教学活动等方面，应面向全体学生，突出学生的主体性，充分发挥学生的主观能动性，让学生自主参与探究问题。

（四）有利于教学工作的科学化，促进青年教师的快速成长

在利用教学设计优化教学的过程中，教师一方面要善于发现教学中的问题，用科学的理论作指导，分析问题，谋求解决的方案，另一方面需要在设计、试行过程不断地反思解决方案，在这个过程中科学思维习惯得以有效的培养，发现、解决教学问题的能力也会逐渐提高。无论教学设计指向什么样的教学目标，它都必须全面、周密地考虑、分析每一个教学要素，使所有的教学要素在达成一致的教学目标的过程中实现有机的配合，成为一个完整的统一体，在这一系列过程中青年教师得以快速成长。

第二节　教学设计的理论

一、教学设计的理论基础

每一门独立的学科都有其支撑它生长的理论基础，教学设计也不例外。我国教学设计研究者对教学设计的理论基础进行了大量的研究，提出了许多观点。相对集中的是把学习理论、传播理论、系统理论和教学理论作为教学设计的理论基础，尤其是对学习理论人们普遍看好，一致认为是教学设计的理论基础。这也表明教学设计的取向是以学生的学习为中心的，这是符合时代需求和特点的。

（一）教学理论

教学理论就是人们在思考教学中所形成的旨在探讨、解释和预测教学现象的观念体系，是人们对各种教学现象及隐藏其后的各种教学关系和矛盾运动的自觉的系统的反映。"进一步说，教学理论是人们思考或思索教学的结果；是一组思想和观念体系，它包括一系列认识、判断和推理的思维过程；是人们对各种教学现象及本质的能动的、系统的反映。"解决教学问题必须研究教学理论，应用教学理论。可以这样说，最优化教学理论的代表巴班斯基[①]把系统方法作为一般科学方法论引入教学理论研究领域，形成了教学过程最优化理论，为教学设计的产生和发展提供了理论依据。教学设计正是根据该理论，把教学理论研究的重要范畴，如教师、学生、目的、任务、内容、形式、方法等要素都置于

[①]　巴班斯基（1927～1987）是苏联当代很有影响的教育家、教学论专家。巴班斯基毕生致力于教育科学研究。20世纪60年代初至80年代中，他以罗斯托夫地区的普通学校为基地，潜心进行教学、教育过程最优化理论的研究，形成了具有丰富内容和积极现实意义的、颇有新意的完整的教学理论，在苏联和世界各国引起了强烈反响。他一生发表的著作约有三百多部（篇），代表作是《教学过程最优化——一般教学论方面》、《教学、教育过程最优化——方法论基础》以及他主编的《教育学》等。

系统形成之中，加以考察研究和应用，可见，把教学理论作为教学设计的理论基础是毋庸置疑的。

（二）传播理论

教学过程是一个信息传播特别是教育信息的传播过程，在这个传播过程中有其内在的规律和理论。传播过程离不开传播者、信息、媒体、接受者组成的四要素。

传播者 ——→ 信息 ——————→ 媒体 ——————→ 接受者 ——→ 效果
（谁）　　（说什么）　　（通过什么渠道）　　　（给谁）　　（取得什么效果）

传播是特定的个体式群体运用一定的媒体形式向接受者进行信息传递与交流的一种社会活动。传播者是传播活动的主体，发挥着重要的支配作用。整个传播过程就是传播者传播自己意志的过程，是传播者主动影响接受者的思想、观念、行为的。

接受者作为对象自觉不自觉地受传播者的影响，但可以有选择地接受传播者的影响，同时，反过来影响传播者。传播过程不是单向的"注射式的传播"而是双向互动过程。

传播最终效果不是由教学传播过程的某一要素决定的，而是由组成传播过程的四要素及其间的相互关系共同决定的。具体联系到教学中：

从传播者——教师看，影响效果的因素包括：

（1）传递技能：书写、表达技能。

（2）态度：自我的态度、对教学内容的态度、对教学对象的态度。

（3）知识水平：教授自己不懂或不了解的内容肯定无法收到好的效果。但有时知识传播不适当或难度太大，难以使学习者理解。因此，传教者不仅要了解教学内容，而且要了解教学方法。

（4）社会及文化背景：教师本人的社会背景、文化背景均会影响传播目的以及对事物的认识等。

从接受者——学生看，知识结构、学习兴趣、动机、智力水平、认知发展水平及能力倾向都对信息的传播接受起决定作用。另外，学生的身心状态也会对传播过程有影响。

从信息——教学内容看，教学内容如何安排才合乎科学体系又能够适合教学对象的生理、心理特点，符合人的认知发展规律？教学选择什么内容，侧重哪些知识点和技能才能达到教学目标？用什么文字、符号、图像、体态语、音乐等传播信息才能取得最佳效果？

从信息传播渠道——教学方法和手段来看，不同媒体的选择以及它们与所传递的信息的匹配程度，会造成人们对感觉的不同刺激，从而收到不同效果。如静态的东西用幻灯、图片，而动态的画面用录像、电影手段效果更佳。

（三）学习理论

学习理论描述或说明人类和动物学习的类型、过程，以及有效学习的条件。学习理论是探究人类学习本质及其形成机智的心理学理论。它重点研究学习的性质、过程、动机以及方法和策略等。而教学设计是为学习而创造的教学计划。因而教学设计必须广泛了解人类学习行为。

学习理论主要有：行为主义学习理论、认知主义学习理论、建构主义学习理论、人本主义学习理论。行为主义：把学习看作刺激与反应之间联结的建立（S－R），是尝试错误的过程（试误）。认知理论：认为学习是对情境的理解或顿悟，是认知结构的变化。从 20 世纪 60 年代末以来，两大理论体系有接近的趋势。如加涅的累积学习论（Theory of Accumulative Learning）和班杜拉的社会学习论（Social Learning Theory）被认为是对两大理论的兼收并蓄。教学设计不仅要引进学习理论中的行为主义、认知理论和建构主义中的精华，而且还要使之完全"内化"，并做到使学习理论的术语与我国中小学课程标准中相关内容表述相一致。

二、有效进行教学设计的理论

（一）加涅[①]的教学设计理论及启示

加涅的教学设计理论思想丰富，其核心是"为学习设计教学"。

（1）加涅的学习条件论：有不同的学习结果，也有不同的学习条

[①] 罗伯特·加涅（gagne, robert M. 1916～ ）美国当代教育心理学家。在心理学方面的成就，以对学校学习和教学领域的贡献最为突出。

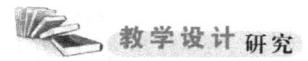

件；对掌握不同的学习结果而言，必须有不同的内部条件和外部条件；教学的目的就是为了合理安排可靠的外部条件，以支持、激发、促进学习的内部条件。这就需要对教学进行整体设计。

（2）加涅对学习结果的分类：加涅对学习结果进行了分类，认为设计教学的最佳途径，乃是根据期望目标安排教学工作。为此，他将教学目标，即学习结果分成五大类：智慧技能、认知策略、言语信息、动作技能、态度，并且用实验说明上述各类有效学习的条件。

（3）对我国学校教育的启示：

①"为学习设计教学"，教学设计的核心是学生学习结果。

②教学目标设计应与学习结果相一致。

③学习结果的种类应与教学目标的领域相一致。

（二）布鲁姆①的教学设计理论及启示

布鲁姆提出了"掌握学习"的理论学说，对教学设计的影响主要体现在以下方面。

1. 教学目标分类

布鲁姆认为，一部完整的教育目类分类学，应该包括学生学习的三个基本领域：认知、情感、动作技能。

我国教学目标分类中的结果性目标与布鲁姆的认知领域和动作技能领域的教学目标相一致，体验性目标与布鲁姆的情感领域目标相一致。

2. 教学评价体系

教学目标必须有好的评价体系相联系才能实现。布鲁姆把评价体系分为：诊断性评价、形成性评价、终结性评价，认为学生具备必要的认知结构是掌握学习的前提，由于不同学生的认知结构在数量和质量上存在着差异，教学前应先对学生进行诊断性评价，教学过程中应对学生进行形成性评价，确保取得良好的终结性评价。

---

① 本杰明·布鲁姆，生于1913年。20世纪50年代，布鲁姆因教育目标分类的系统学说而闻名，著有《教育目标分类学》；布鲁姆提出的关于"人类特性"和学校教学的理论，曾经被列为美国"最有意义的教育研究成果之一"。布鲁姆是美国当代著名的心理学家、教育家，芝加哥大学教育系教育学教授，曾担任美国教育研究协会会长。

3．矫正性的个别辅导

教学过程的每个步骤都必须通过评价来判断其有效性，并对教学教程中出现的问题进行反馈和调整，从而保证每一个学生都能得到他所需要的特殊帮助。个别补救教学最有效的方法是：将学生按学习成绩分成四到五人一组的学习小组，"掌握者"做"未掌握者"的小老师，互相帮助，这样既帮助未掌握者深化理解，又帮助未掌握者找出错误所在并及时纠正。个别辅导的人数、时间不超过总人数、总时间的三分之一。

4．对我国学校教育的启示

首先，布鲁姆对教学目标的分类对我们确定教学目标有直接的指导意义；其次，在我国进行的课程改革中，学习和研究布鲁姆"掌握学习"的理论，主张教师对每个学生的发展充满信心，并为每个学生提供理想的教学，提供均等的学习机会，为需要帮助的学生提供充足的时间和帮助，让每个学生都得到理想的、适合自己个性需要的教学，让每个学生都得到发展。这种乐观主义的、面向全体的学生观，对于当前教育教学改革中新的学生观的确立具有重要的现实意义；再次，对我们建立科学的评价体系有重要启示。

（三）加德纳[①]的多元智能理论

1．多元智能理论提出的背景

传统的智力测验（IQ）认为，智力具有单一性质，通过笔纸就可以测出人的智力的高低。传统的智力测验只重视人类可以测出的能力及测试方法，若某种能力测不出来，就认为不重要。相同内容的测量，尽可能相同的教育方式，考核评价学生的考试必须是统一的，而适合这些考试的学科就是语言、数学、逻辑学，而在考试中难以实施的学科，如艺术、体育等，在学校教育中就无关紧要了。这样的测验只能导致少部分的学生学习成功。

---

① 霍华德·加德纳（Howard Gardner，1943～），发展心理学家，"多元智能理论"创始人。心理学教授、波士顿大学医学院精神病学教授和哈佛大学《零点项目》研究所两位所长之一。霍华德·加德纳在心理学、教育学多个领域出版过18本专著，发表过数百篇论文，获得过包括美国普林斯顿大学在内的世界多国大学的荣誉学位。1983年他提出的多元智能理论，引起世界范围内的广泛关注，得到各国教育界人士的高度评价。

加德纳认为智力并不是容易"被测量"的东西，如果一定要测量，应侧重于智力所要解决的问题或在运用该智力时表现出来的创造力。智力是一组或一种个人解决问题的能力，总是以组合的方式来进行的，每个人都是多种能力组合的个体，而不是只拥有单一的、用纸笔测验可以测出的解答问题能力的个体。由此，他提出了多元智能的观点。

2. 多元智能理论的结构

加德纳在《心智的结构》一书中，首次提出并重点论述了多元智能理论的基本结构。加德纳认为，支撑多元智力的是个体身上相对独立存在着的、与特定的认知领域或知识范畴相联系的八种智能。这八种智能分别是语言智能、音乐智能、逻辑—数理智能、视觉—空间智能、身体—运动智能、自我认识智能、人际智能和自然观察者智能。

语言智能　这种智能主要是指听、说、读、写的能力，表现为个人能够顺利而高效地利用语言描述事件、表达思想并与人交流的能力。这种智能在记者、编辑、作家、演讲家和政治领袖等人身上有比较突出的表现。

音乐智能　这种智能主要是指感受、辨别、记忆、改变和表达音乐的能力，表现为个人对音乐包括节奏、音调、音色和旋律的敏感以及通过作曲、演奏和歌唱等表达音乐的能力。这种智力在作曲家、指挥家、歌唱家、演奏家、乐器制造者和乐器调音师身上有比较突出的表现。

逻辑—数理智能　这种智能主要是指运算和推理的能力，表现为对事物间各种关系如类比、对比、因果和逻辑等关系的敏感以及通过数理运算和逻辑推理等进行思维的能力。这种智能在侦探、律师、工程师、科学家和数学家身上有比较突出的表现。

视觉—空间智能　这种智能主要是指感受、辨别、记忆和改变物体的空间关系并借此表达思考—情感的能力，表现为对线条、形状、结构、色彩和空间关系的敏感以及通过平面图形和立体造型将它们表现出来的能力。这种智能在画家、雕刻家、建筑师、航海家、博物学家和军事战略家的身上有比较突出的表现。

身体—运动智能　这种智能主要是指运用四肢和躯干的能力，表现为能够较好地控制自己的身体、对事件能够做出恰当的身体反应以及善于利用身体语言来表达自己的思想和情感的能力。这种智能在运动员、舞蹈家、外科医生、赛车手和发明家身上有比较突出的表现。

自我认识智能 这种智能主要是指认识、洞察和反省自身的能力，表现为能够正确地意识和评价自身的情绪、动机、欲望、个性、意志，并在正确的自我意识和自我评价的基础上形成自尊、自律和自制的能力。这种智能在哲学家、小说家、律师等人身上有比较突出的表现。

人际智能 这种智能主要是指与人相处和交流的能力，表现在觉察、体验他人情绪、情感和意图并据此做出适宜反应的能力。这种智能在教师、律师、推销员、公关人员、谈话节目主持人、管理者和政治家等人身上有比较突出的表现。

自然观察者智能 1995年，加德纳又提出自然观察者智能（naturalist intelligence），即个体辨别环境（不仅是自然环境，还包括人造环境）的特征并加以分类和利用的能力，那些能敏锐地觉察大量类似物体之间的细微差异的人，或者能够熟练给岩石和昆虫等分类的儿童也都表现出较为充分的自然观察智能。

3. 对我国学校教育的启示

多元智能理论的实质并不在于将智力划分为七种、八种或更多种，而在于通过对智力的发现来扩大学习的内容领域和知识的表征形式，进而促进以往被忽略的智力开发，充分地发掘出一个人身上隐藏着的巨大潜力，从整体上提高人的智力素质，使各个学生都能获得有效的发展，为我们对优秀人才的定性指明了方向。

加德纳的多元智能理论，充分认识到不同学生的不同智力特点，强调使每一个学生的智力强项得到充分发展，并从每一个学生的智力强项出发，促进学生其他各种智力领域特别是智力弱项的发展，这就要求我们在进行学校课程设计的时候，在使不同智力领域得到全面发展的同时，通过调动不同智力活动在教育教学工作中的不同作用，使用多样化的教学手段，极大地提高课堂教学的实际效果；摒弃以标准的智力测验和学生学科成绩考核为重点的评价观，树立多维的评价观。因此多元智能理论对我们的课程内容改革和考试制度的改革大有益处。

（四）建构主义理论

1. 建构主义理论的基本观点

课程是学习者原有经验的重组与改造的过程，学生的原有经验在自身的学习过程中具有重要作用，在建构主义者看来，学习者不仅是教师教学工作的对象，而且还是教学的主体。建构主义强调，应当把学习者原有的知识经验作为新知识的生长点，引导学习者从原有的知识经验中，生长新的知识经验。他们认为学习者并不是空着脑袋走进教室的，他们在各种形式的学习中，凭借自己的头脑创建了丰富的经验。当学习问题一旦呈现在他们面前时，学习者会基于以往的经验，依靠他们的认知能力，形成对问题的解释，由于学习者的经验以及对经验的信念不同，学习者对外部世界的理解也是不同的。

教学是学生在教师指导下的在一定环境下进行的能动的知识建构活动。教学不是知识的传递，而是知识的处理和转换。教师不单是知识的呈现者，也不单是知识权威的象征。教师应该重视学生自己对各种现象的理解，倾听他们的看法，思考他们这些想法的由来，并以此为据，引导学生丰富或调整自己的解释。因此，教师与学生、学生与学生之间需要共同针对某些问题进行探索，并在探索的过程中相互交流和质疑，了解彼此的想法，引导学习者从原有的知识经验中生长新的知识经验。学习者要努力通过自己的活动，建构形成自己的智力的基本概念和思维形式。

教师的角色应该是学生建构知识的忠实支持者，是学生学习的指导者、引导者和顾问。教师必须关心学习的实质，以及学习者学习什么、如何学习和学习效率如何等问题，必须明白要求学习者获得什么学习效果。建构主义教学比传统教学要求教师承担更多的教学责任，教师应当重视学生的最近发展区，并为学生提供一定的辅导。教师不是知识的简单呈现者，而是不断促使学生丰富和调整自己理解的引导者。为此，教师在教学实践中必须创设一种良好的学习环境，学生在这种环境中可以通过实验、独立探究、合作学习等方式来展开他们的学习。

学生是学校课程与教学的中心。在建构主义者看来，课程与教学是实现学校的培养目标，帮助学生成为社会所需要的人才的基本途径，但学生是具有主体性的人，是发展变化的人和具体的人，仅仅考虑社会的需求而不考虑学生的需求是不可能培养出身心和谐发展的高素质的创新人才的。因此，建构主义者反复强调学校的课程与教学要尽可能地适应学生身心发展的需要，满足学生多方面的需求，把学生作为课程与教学的中心。建构主义者反复强调学校课程与教学不能过于考虑社会的需求，要尽可能地考虑学生的实际需求，要把学生作为学交课程与教学的中心，给学生课程与教学更多的知情权和选择权，给予他们更多的人性关怀，引导他们身心全面健康和谐地发展。

2. 对我国学校教育的启示

建构主义理论认为学习要依靠学习者主观构造作用，必然以原有旧知识为基础接受理解新知识，也只有丰富的知识才能启迪智力发展，形成良好的认知结构，因此，建构主义知识观、课程观、教学观、评价观为素质教育提供理论框架；建构主义强调主客体的相互作用，为设计师生互动的教学情境提供了理论依据。

第二章

教学目标设计

现代的教学视野是将教学看作教师、学生、教学内容、教学媒体组成的系统过程，在这一系统设计过程中，教学目标的设计是一个开端。理清教学目标的分类及其分类标准，掌握教学目标的设计原则，恰当表述教学目标对教学极为重要，因为教学目标是教学的目的和归宿。

第一节　教学目标概述

教学目标是教学的出发点，也是落脚点，一节课是否成功，首要的一点就是要看教学目标是否实现。

一、教学目标系统

（一）教学目标的概念

教学目标是师生通过教学活动预期达到的结果或标准，是对学习者通过教学以后将能做什么的一种明确的、具体的表述，主要描述学习者通过学习后预期产生的行为变化。教学目标由教师制定，师生共用，教师依它而教，学生依它而学。

不同学科有不同的教学目标，即使同一学科目标也存在层次上的差别。教学目标的各层次间有密切联系，把总目标进行分解形成子目标，总目标与子目标是相对的，课程总目标、学段目标、学期目标、单元目标、课时目标组成教学目标系统。

（二）教学目标的特点

1．教学总目标的特点

（1）涉及面广：它不仅涉及各类目标，而且涉及更广泛的内容。

（2）一般用非常概括的语言描述。

2．课时教学目标的特点

（1）重点突出：课时目标也涉及各类目标，但某一目标在不同的课堂上体现难度不同。如运动技能目标在体育课上体现充分，而在语文课上则难以充分体现。

（2）通常用非常具体的语言描述（强调用行为动词表述课时教学目标，使教学目标可观察、可测量）。

二、教学目标的分类

（一）教学目标的分类理论

20世纪50年代以来，世界上许多教育家都重视教育目标的研究，出现了各种不同的教育目标分类理论。影响较大的是布鲁姆、加涅、田塦一等三大学派。这些分类理论是学科教学目标分析与设计的理论基础。

1．布鲁姆的教学目标分类理论

美国的布鲁姆（B. S. Bloom）等人将教育目标分为三个领域：认知领域、情感领域和动作技能领域；将认知领域分为知识、理解、应用、分析、综合、评价六个层次；将情感领域分为妾受、反应、形成价值观念、组织价值体系、形成价值情结五个层次；将动作技能领域分为观察、模仿、练习、适应四个层次。布鲁姆的教育目标分类法在我国被广泛运用。

2．加涅的教学目标分类理论

美国的加涅（R. M. Gagne）把认知学习分为言语信息、智力技能和认知策略三类。其中，智力技能再分为辨别、概念、规则、高级规则四类。加涅对技能领域不再分解，将态度领域再分为情感因素、认知因素和行为后果三类。加涅认为，学习的结果或者教学活动所追求的目标就是形成学生的五种能力：智力技能、认知策略、言语信息、运动技能和态度。[①]

加涅的学习结果分类与布鲁姆的教学目标分类框架完全一致的，可通过以下关系表示：

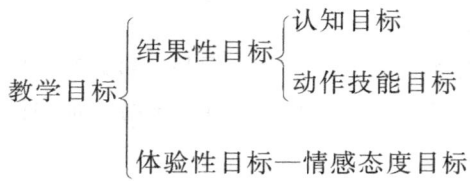

（二）对结果性目标的进一步分析

1. 认知目标分析

现代认知心理学把知识定义为"个体通过与其环境相互作用后获得的信息及其组织"。一提到认知目标，人们自然会想到广义的知识。以现代认知心理学的广义知识观来考察，人的认知能力应包括三类知识，即陈述性知识、程序性知识和策略性知识。从知识的作用来看，陈述性知识即狭义的知识，是用于说明世界、解释世界、回答世界"是什么"问题的知识，陈述性知识为认知活动提供背景资料；程序性知识即加涅认知学习结果分类中的智慧技能，是用于处理外部事物的知识、回答"怎么做"的问题，表述为一定的步骤和方法，程序性知识为实践活动、心理活动提供方式；策略性知识是用于支配和调节人们自身认知过程的知识，即人们常说的能力，说明如何活动的，表述为一般性的步骤与方法，是用于回答"如何做"的问题，策略性知识增强了实践活动、心理活动的灵活性。

我们应该多掌握知识（陈述性知识）、训练技能（程序性知识）、培

---

① 徐丽华：《小学数学课堂教学新论》，浙江大学出版社 2005 年版。

养能力（策略性知识）。

在知识目标的设计上既要关注知识获得水平，又要关注知识的类型，把二者有机结合起来。

在我们表述教学目标时，"能够说明高度与大气压之间的关系"属于领会陈述性知识，"能够借助谐音联想的方法记住刚刚学过的两个句子"属于运用程序性知识，"能够按顺序并抓住事物的特点写一篇记叙文"属于综合运用策略性知识。一般我们可以用知识目标更明确地表述技能和能力目标，使技能发展、能力发展变得更易于操作。

2．技能层次分析

（1）加涅的智力技能层次。智力技能是指学习者通过学习获得了使用符号与环境相互作用的能力，即运用符号办事的能力。这里的知识是回答为什么和怎么办的知识，与知道"怎么做"有关。它对学生的能力要求主要是理解和运用概念与规则的能力，进行逻辑推理（恩维）的能力。其内部由简单到复杂，由低级到高级又分为四个亚类（辨别、概念〈具体概念、定义概念〉、规则、高级规则〈解决问题〉），由简单到复杂构成了一个个层级：

A 辨别——区分事物之间的不同点，如指出"巳、已、己"三个字的区别。

B 概念：①具体概念——识别具有共同特征的同类物体。如：把大小、厚薄、封面颜色和图案不同的书，都看作是"书"这个类别的实例。又如在许多平面或立体图形中找出圆形。②定义性概念——运用概念的定义特征对事物分类。如：把 2、3、7、11、17、19、23 等数分成质数一类。又如：理解圆周率 $= \dfrac{C}{D}$（C 为圆的周长，D 为圆的直径）。

C 规则——运用单一规则办事。如：用公式 $S = \pi r^2$ 计算 r 为 15cm 的圆的面积。

D 高级规则——同时运用几条规则解决问题。

如下图

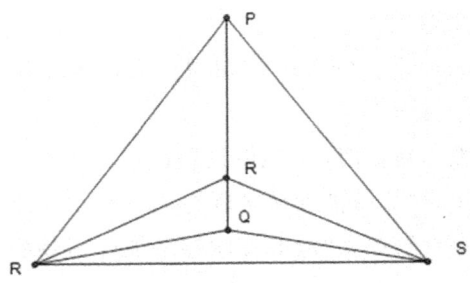

已知 PR＝PS，QR＝QS；求证：RT＝ST。

这里需同时运用（1）等腰三角形两底角相等，（2）等量相加恒等，（3）三角形两边夹一角对应相等，两三角形全等定律，才能解决这个问题（假定"三角形三条边对应相等，则两个三角形全等"这一定律未学）。

智力技能的层次性规定了教学的顺序性，如解决复杂行程问题应用题的教学就是按着这样的顺序分析进行的。

（2）动作技能层次。动作技能是指个体获得某种动作技能，不仅仅指他能完成某种规定动作，而且指个体能将这些动作组织起来，构成连贯的、准确的、符合规则的整体行为。动作技能由低级到高级可分为三个亚类：辨别与连锁、动作语汇的获得、问题解决。动作技能的学习往往与认知学习交织在一起，知道或掌握动作技能的组成程序及相应的规则，对动作技能的学习有非常重要的作用。主要指表现于迅速、精确、流畅、娴熟的身体动作中的一种习得能力。如骑自行车、写字。

（三）对体验性目标的说明

情感态度目标不是通过一两次活动就能达成的，是否达成又难以观察和测量，在活动中要珍视学生独特的感受、体验和理解，让学生在主动积极的思维和情感活动中，加深理解和体验，有所感悟和思考，受到情感熏陶，获得思想启迪，享受审美乐趣。遇到这样的任务时，教师只需要明确规定学生必须参加的活动，而不必精确规定每个学生在这次活动中情感发生哪些变化，这样陈述的目标称为表现性目标，它只能作为具体教学目标的补充，应慎用。情感态度目标的达成是任重而道远，切不可急求短期效应。例如：在进行爱国主义教育活动中，我们的目标可以这样陈述："学生能认真观看学校组织的反映爱国主义的影片，并在小组会上谈自己的观后感。"

三、教学目标设计的功能

教学目标的设计是教学的开端，在整个教学设计中起统领作用。教学活动追求什么目的，要达到什么要求，都会受到教学目标的指导和制约。可以说，整个教学过程都受教学目标指导和支配；整个教学过程也是为了教学目标而展开。如果教学目标正确、合理，就会实现有效的教学；否则就会导致无效的教学。所以，教学目标可以被看做是教学活动的"第一要素"，确定准确、合理的教学目标也被认为是教学设计的首要工作或第一环节。

（一）指导测验与评价的功能

教学目标作为预先规定的教学结果，自然是测量、检查、评价教学活动成功与否，是否有效的尺度或标准。教学目标作为教学目的具体规定或准确规定，肯定要对教学结果予以构想和预定。构想或预定的结果是否达到，还差多远，必然需要某种尺度测量。测量的尺度是什么，自然是教学目标。

教学作为一个系统的、由多因素构成并由各个环节连接而成的序列活动，既包括设计、组织、实施，也包括测量和评价。测量和评价教学活动一个周期的终结，也是下一周期的开始。它既要准确预定的结果——教学目标是否实现或达到，又要确定目标达成度，还要获得调整目标的反馈信息，这些都要以已定的目标为尺度。正是通过以目标为尺度、为标准的测量和评价，教学活动才不断得到改进，步步完善，所以说教学目标是教学的出发点和归宿，是评价一节好课的首要标准。

（二）指导教学策略的选择功能

教学策略与教学目标的达成有着密切的关系，不同的教学目标选择不同的教学策略。一旦教学目标确定后，教学设计者就可根据教学目标选用适当的教学方法。在课堂教学中，教师常为注重学生的接受学习还是发现学习而困扰。研究表明，如果教学目标侧重知识或结果，则宜选择接受学习，与之学习相应的教学方法是教师的讲授法。如果教学目标侧重于过程或探索知识的经验则宜于选择发现学习，与之相应的教学方法是教师指导下的学生发现法；讲授法对于获得陈述性知识非常有效，

而动作技能的形成必须依赖于讲授和实际练习相结合方法。

（三）指导学习的功能

教学伊始，教师把目标明确地告诉学生，有助于指导学生的学习，使他们把注意力集中在有助于达成目标的活动中。目标最能激励、激发人的行为动机，在教学活动中，要想使教学目标充分发挥激励作用，教师就应当在研究学生的兴趣、动机、意志、知识和能力水平以及他们的个别差异上下功夫，只有这样，才能够把握住学生学习的"最近发展区"，在编制好的目标的诱导下而努力形成良好的学习动机，形成自我竞争意识。学习后，在目标确定的基础上，学生可以自我评价学习结果。在学习过程中目标导向的测量和评价也会给学生提供他们应如何学习的信息，可使学生选择相应的学习方法和学习策略，促使自己达到目标的要求。

（四）进行教学交流的功能

清晰的目标是教学与社会需要发生联系的纽带。各级或各个学科、各个层次的教学目标反映一定社会的政治、经济、文化、科技发展对学校教学的客观存在要求，教学目标的实现就是学校工作满足社会对受教育者的需求。教学目标一经确定，就对教学活动起着控制作用，它作为一种约束力量，把教学人员、行政人员和学生及其家长各个方面的力量凝聚在一起，有助于教师间的教学研究、集体备课，也有助于教师与学生间的交流、教师与家长间的交流，为实现已定目标而共同奋斗。

第二节　教学目标确定的依据

一、理论依据——基础教育新课程标准

（一）国家课程标准

《基础教育课程改革纲要》指出：国家课程标准是对国家基础教育课程的基本规范和要求，是教材编写、教学、评估和考试命题的依据，是国家管理和评价课程的基础。它体现国家对不同阶段的学生在知识与

技能、过程与方法、情感态度与价值观等方面的基本要求，规定各门课程的性质、目标、内容框架，提出教学建议和评价建议。

由于国家课程标准是国家对基础教育课程的基本规范和要求，因此，它毫无疑问地对教材、教学和评价具有重要指导意义，是教材、教学和评价的出发点与归宿。可以说，课程标准中规定的基本素质要求是教材、教学和评价的灵魂，也是整个基础教育课程的灵魂。但是，课程标准是教材、教学和评价的基本依据，并不等于课程标准是对教材、教学和评价方方面面的具体规定。课程标准对某方面或某领域基本素质要求的规定，主要体现为在课程标准中所确定的课程目标和课程内容，因此，课程标准的指导作用主要体现在它规定了各科教材、教学所要实现的课程目标和各科教材教学中所要学习的课程内容，规定了评价哪些基本素质以及评价的基本标准。但对教材编制、教学设计和评价过程中的具体问题（如教材编写体系、教学顺序安排及课时分配、评价的具体方法等），则不做硬性的规定。

（二）课程标准的特点

1. 注重目标与内容的统一

新颁布的课程标准力图在"课程目标""内容标准"和"实施建议"等方面全面体现"知识与技能、过程与方法以及情感态度与价值观"三位一体的课程功能，从而促进学校教育重心的转移，使素质教育的理念切实体现到日常的教育教学过程中。例如：

通过统计家庭每天丢弃垃圾袋的数量，学生经历数据收集、处理、呈现的过程，体会塑料垃圾对人类生活可能产生的危害。（《数学课程标准》）

知道科学技术给人类与社会发展会带来好处，也可能产生负面影响，乐于用学到的科学知识改善生活。（《科学课程标准》）

在唱歌、绘画、制作的过程中，共同分享创作的乐趣和喜悦，体会怎样表达对祖国、对亲人的爱。（《艺术课程标准》）

2. 内容选择上更科学，更实用

新颁布的课程标准关注学生的兴趣与经验，精选学生终身学习必备的基础知识和技能，努力改变课程内容繁、难、偏、旧的现状，密切教科书与学生生活以及现代社会、科技发展的联系，打破单纯地强调学科

自身的系统性、逻辑性的局限，尽可能体现义务教育阶段各学科课程应首先服务于学生发展的功能。新课程在内容上补充了与现实生活密切联系、符合学生生活经验、能反映学科技术发展新面貌的知识，另一方面也删除了部分难度较大的和比较陈旧的内容。例如：

加大语文阅读量和口语交际环节，重视培养语感，降低对语法、修辞、逻辑的要求。（《语文课程标准》）

增加对日常生活和社会生活中图形与空间、统计与概率等现实问题的探究，降低对运算速度、证明技巧的训练。（《数学课程标准》）

3. 提出了针对目标的活动建议

新颁布的课程标准不仅关注与内容相关的目标，还关心与目标相关联的活动。课程标准重视对某一学段学生所应达到的基本标准的刻画，同时对实施过程提出了建设性的意见；而对实现目标的手段与过程，特别是知识的前后顺序，不做硬性规定，为课程的实施提供了广阔的空间，从教学大纲的"静态"要求到课程标准的"动态"建议，这是课程标准和教学大纲的一个重要区别，从而为教材的多样性和教师教学的创造性提供了广阔的空间，为体现并满足学生发展的差异性创造了比较好的环境。例如：

1～2年级——认识常用汉字1600～1800个；课外阅读总量不少于5万字。（《语文课程标准》）

5～6年级（水平三）——达到该水平目标时，学生将能够：初步掌握多项球类运动中的多种动作技能；初步掌握一两套徒手体操或轻器械体操；初步掌握一套舞蹈或韵律活动动作……（《体育课程标准》）

4. 改善了学生的学习方式

课程改革的目标是围绕着人的发展目标来设计和确定的。国家课程标准力求改变课程过于注重知识传授的倾向，强调形成积极主动的学习态度，使获得基础知识与基本技能的过程同时成为学会学习和形成正确价值观的过程；改变课程结构过于强调学科本位、科目过多和缺乏整合的现状；加强课程内容与学生生活以及现代社会和科技发展的联系，关注学生的学习兴趣和经验，精选终身学习必备的基础知识和基本技能。

各学科课程标准结合本学科的特点，加强过程性、体验性目标，引导学生主动参与、亲身实践、独立思考、合作探究，从而实现学生学习方式的变革，改变单一的记忆、接受、模仿的被动学习方式，发展学生搜集和处理信息的能力、获取新知识的能力、分析和解决问题的能力，以及交流与合作的能力。例如：

分组调查一个民族不同地区的艺术，并将艺术形式与该地区的建筑、服饰、方言等联系起来，全班分享调查结果。（《艺术课程标准》）

（三）在教学设计中正确理解和把握基础教育课程新课程标准

第一，课程标准主要是对学生在经过某一阶段之后的学习结果的行为描述，而不是对教学内容的具体规定，教学内容的选择给了设计者很大的空间，包括认知规律和生活实际。

第二，它是国家（有些国家是地方）制定的某一阶段的共同的统一的基本要求，而不是最高要求，根据学校、地方具体差异，使用中同样有要求上的差异。

第三，学生学习结果的描述应该尽可能是可达到的、可评估的、可观察的、可测量的，而不是模糊不清的，可望而不可即的。

第四，它隐含着教师不是教科书的执行者而是教学方案（课程）的开发者，即教师是"用教科书教，而不是教教科书"，为教师的教留下广阔空间。

第五，课程的范围应该涉及作为一个完善个体发展的三个领域：认知、情感与动作技能，而不仅仅是知识方面的要求，注重全面发展，教师在教的同时要育人。

总之课程标准着眼于学生的学，是学生学习结果的纲要。教师可以运用课程标准来评价学生的学习，可以检测自己的教学，家长、教育部门则可以用它评估学生的学习情况，评估课程情况，以及教师的教学水平。

二、现实依据——需求评估

课程标准是国家制定的某一阶段的共同的统一的基本要求，但不是最高要求。由于各地区的发展状况不同，各学校的价值取向不同，班级特点不同，教学的理想状态就会不同，就经济不发达地区而言，课程标准难以达到，对于那里的学校而言，课程标准就是最高要求了，能达到课程标准就是理想状态；而对于发达的沿海城市而言，教学的最高要求肯定高于课程标准的要求，教学的理想状态就高于欠发达地区的理想状态，外语教学就存在这样明显的差异。所以各地区在制定教学目标时，除了考虑课程标准以外，还要考虑学校、本地区的特殊要求，了解学生的学习需求，这就要进行需求评估。

（一）什么是教学需求

在教学设计中，学习需求是一个特定的概念。学习需求指学习者"目前状况与所期望达到的状况之间的差距"。这一差距揭示出教学中实际存在的问题。例如：在期末统考中，我们希望语文成绩通过率为95％，而在实际的模拟考试中仅为81％，这就是说在应该怎么样和实际怎么样之间存在14％的差距。有了这14％的差距就有了学习需求。要把通过率提高14％，就使学生发生相应的变化，学生变化的结果就成为教学的目标。

（二）需求评价的目的

需求评估是一个系统的调查研究的过程。目的是：

（1）发现教学中存在的问题；

（2）分析产生问题的主要原因，是否有必要通过教学设计来解决；

（3）分析现有资源及约束条件下解决该问题的可能性；

（4）分析各问题的重要性，确定解决顺序并在以上各方面的基础上确定教学目标。

可见，需求评价的核心是了解问题，并明确解决问题的必要性和可行性，为目标的确定提供实践依据。

（三）教育方面的需求

（1）标准的需求：是通过把一对象与某种规定的标准进行比较所确定的。例：对于有些地区，较差的学校班级，达到较好的要求就是理想状态，学生现状与理想标准间的差距就是他们的学习需求。

（2）比较的需求：是某一群体的现有状态与其作为楷模群体的状态进行比较时的差距。例：某班在成绩上总想赶上或超过另一班。

（3）感到的需求：是一个人的渴望和需求。它是个体必须改进自己的行为或某个对象行为的需求和渴望。如有些同学为了提高自己的社交能力而产生改进表达技能的需求，这种需求来自内部，是感到的需求。而有些学生为了获得公司某一岗位，不得不去学电脑，这种需求源于外部，不是感到的需求。

（4）表达的需求：个体把感到的需求表达出来的一种"需求"。例如：教师可以让同学填写课程选修表，填写授课教师评价表，满足学生的表达需求。

（5）预期或未来的需求：个体在未来中的需求。例如：教师在教学设计中，不仅要把注意力集中在解决目前行为的问题上，而且要预期社会的发展对学生需求的影响，考虑学生将来需求，做到未雨绸缪。

（6）批评性事件的需求：是一种避免很少产生，但却会引起严重后果的事件的需求。例如，学生有避免在体育课上受伤的需求。

在课程改革过程中，我国学校教育会产生一些需求，必须针对我国的具体情况进行需求评估。

（四）教学设计中需求评估的一般步骤

（1）确定学生学习的现有状态。

（2）确定学生学习的理想状态。

（3）确定当今存在的问题。

（4）分析问题实质：关注是否真构成问题？深层次问题是什么？问题能否通过教学设计来解决？

（5）确定针对问题的教学目标。

第三节　教学目标的编写

一、教学目标的表述方式

为了使结果性和体验性目标的陈述具有可观察性、可操作性、可测量性，我们可参照以下三种教学目标表述方式。

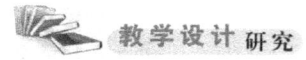

（一）行为目标

行为目标表述要求用描述行为的术语代替描述内在心理状态的术语，用预期学生学习之后将产生的行为变化来陈述教学目标，使教学目标描述的行为可以观察或可以测量。行为目标的可观性，使整个教学过程增加了可控性。行为目标一般用于表述结果性目标中"知识与技能"领域的目标。例如："能在给定的几何图形中正确辨认长方形、正方形。""能举例陈述半导体材料在实际生活、生产中的十种用途，畅谈因半导体的应用而改变人类生活的美好未来。"等。

（二）表现性目标

表现性目标是指学生在从事某种活动后所得到的结果。它关注的是学生在活动中表现出来某种程度上首创性的反应的形式，指明学生在其中作业的情景、学生将要处理的问题、将要从事的活动任务，但它不指定学生将从这些遭遇中学到什么。表现性目标就是对学习活动的描述，而不是我们通常所说的确定了目标之后再设计活动。由于情感、态度、价值观等目标很难在短时间内实现。这些目标的实现往往需要通过学生自主活动，在与师生平等交流的会话、探究和意义建构中发展。教师很难预期一两节课后学生将会发生的变化，所以教师只需明确规定学生必须参加的活动，不必规定学生从活动中取得或获得什么。表现性目标一般用来表述体验性目标中"过程与方法""情感态度与价值观"领域的目标，只能作为具体的教学目标的一种补充，例如："学生能认真地带着欣赏的心情参观美术展，能说出作品所属画派……"（美术课）"能认真观察主题图，体会数学与生活的密切联系。"（数学课）

（三）内部心理与外显行为结合的目标

先用描述心理过程的术语陈述教学目标，再用可观察的行为做例子，使这个目标具体化。内部心理与外显行为结合的目标表述形式克服了教师编写行为目标往往不能把握目标整体，写出可操作的目标但却不明白此目标对学生内在心理有何促进，目标用行为描述出来，虽然明确，但又使教学出现局限于某种具体行为训练的危险之不足。如"领会心理学术语表象的含义"，这是教学目标的概括陈述。但领会是一个内部过程，每个人掌握的标准不一，难以直接观察和测量。所以需用可以证明"领会"水平的行为实例来进一步说明，如"用自己的话转述表象定义""能列举 2～3 种表象实例""能区别表象与想象的异同"。有这三种实例的补充，教学目标领会就不再是不可捉摸的了。又如"通过观察古生物的外形特征，培养学生的观察能力""比较野生动物与家禽有什么不同，培养学生的比较能力"（生物课），均属于内部心理与外显行为结合的目标表述。结果性目标，体验性目标都可采用这种表达方式。

二、教学目标的表述方法

学科教学目标的具体化是行为目标。行为目标是一种具体的、可观察的教学目标，亦称学习目标，是对学习者通过教学以后将能做什么的一种明确的、具体的表现，它主要描述学生通过对学科的学习以后预期产生的行为变化。例如，"通过本课学习，学生应能填写简单的统计表"。这就是某节数学课的行为目标之一。规范的课堂教学目标应该包含四个要素：对象、行为、条件、标准。

（一）对象和行为的表述

行为主要说明学生做什么，是不可以省略的，对象指教学对象，在不引起混淆的情况下在教学目标表述中是可以省略的。

1. 行为主体（对象）表述

教学的对象必须是学生而不是教师，因为判断教学有没有效益的直接依据是学生有没有获得具体的进步，而不是教师有没有完成任务。如"通过对密铺图形的研究，培养学生的动手操作能力和空间感知能力""通过学生对生活中密铺地砖的调查，感受身边处处有数学"等，都隐含着教学行为主体是教师，都是描述教师的教学活动，难以测定学生的学习效果，这种行为主体的表述是不当的。

2. 行为表述

行为指教学目标确定的技能或行为，说明学生做什么．行为表述是表述学生在学习中可观察的、具体的行为。行为表述应该用具体的行为动词，组成动宾结构的短语，行为动词说明学习类型，宾语说明学习内容。例如：能说出英语句子中各句子成分的名称；能列举 3～5 个质数和合数；会操作万能表。

31

行为表述力求避免使用诸如"知道""理解""掌握""欣赏"等描述内部心理过程的词语。因为不同的人可以从不同角度、不同层面来理解这些词语的意义，这就会给教学目标的具体导向及检测带来困难。

行为动词，必须是可测量、可评价、具体而明确的，否则就无法评价。如有位教师在写《设计花坛》这堂课的教学目标时，写了"培养学生运用知识解决实际问题的能力和创新意识，感受数学美"。这种写法不仅主体不对，而且也无法评价"创新意识"和"运用知识解决实际问题的能力"到底"进步"了多少。

编写教学目标可参选的行为动词：

知识目标：说出……名称、复述、辨认、举例说明、指明、描述、解释、比较、分类、判断、区别、猜想、推断、选择、估计、改写、收集、整理、运用、应用、使用、计算、设计、检验、总结、制定……方案、鉴别、评定、评论、证明、修改。

技能目标：模仿、重复、完成、制定、解决、安装、绘制、测量、联系、转换、灵活运用、举一反三、触类旁通。

体验性目标：经历、感受、参加、合作、交流、考察、体验、同意、欣赏、喜欢、关注、采纳、支持、珍惜、爱护、克服、拥护、帮助、形成、养成、树立、热爱、坚持、保护、确立、追求。

这里只提供部分动词，在实际操作中，可选用更贴切，更恰当的词。

(二) 条件的表述

条件是指学习者的表现行为在什么情况下或在什么条件下进行的或产生的，也就是说在评定学习者的学习结果时，该在哪种情况下评定。如要求学习者操作计算机，要说明是在教师或说明书指导下操作还是独立操作。

行为条件说明在什么情况下评定学生的学习结果即学生完成任务时允许的条件，这些约束条件通常包括下列因素：①环境因素，包括空间、光线、温度、气候、室内或室外、安静或噪声；②人的因素，包括独立进行、小组集体进行、在教师指导下进行等；③设备因素，包括工具、仪器、图纸、说明书、计算器等；④信息因素，包括资料、教科书、笔记、图表、词典等；⑤时间因素，包括速度、时间限制等；⑥问题明确性因素，即提供什么刺激来引起行为的产生。例如："在10分钟内，学生能完成15道简单计算题"，这个教学目标的行为条件就是"在10分钟内"这一时间限制条件。

在描述行为产生的条件时，要注意区分学习过程与学习结果产生的条件。如"通过一个月的训练，学生能……"，这里的"通过一个月的训练"指的是学习的过程，而非学习结果产生的条件。这里的条件必须是用以评定学习结果的约束因素，说明在何种情况下来评定学习结果。

（三）标准表述

标准指学生学习之后预期达到的最低表现水准，用以评量学习表现或学习结果所达到的程度，作为学习结果的行为可接受的最低衡量依据，即标准是指衡量学习结果的行为的最低要求。对行为标准作出具体要求，使教学目标具有可测性的特点。

标准的表述一般与"好到哪种程度""精确度怎样""完整性如何""在多少时间内"等问题有关，即一般表述为好到什么程度，质量要求如何，完整性怎样，在什么时间完成。例如：①按正确次序，如把下列8个数按从小到大的次序排列；②至少80%正确，如检查计算机故障，排除故障正确率达80%；③精确度2毫米，如加工自行车车轮，误差在2毫米以内；④在1分钟以内，如在1分钟以内做仰卧起坐50个；⑤至少三种，至少写出三种解决方案。

（四）教学目标表述中应注意的问题

1. 四要素中行为是基本部分，条件、标准是可选部分

在实际操作中，并不是所有的教学目标都要包括这四个部分，如在行为主体（对象）明确的情况下，通常会在教学目标的表述中省略行为主体。如"能根据方向和距离确定物体的位置"、"能描述简单的线路图"等，都省略了行为主体学生。行为表述是基本的部分，不能缺少，而行为产生的条件和标准则可根据教学对象或内容，省略其一或两者全省。如"分析自然科学发展史，并从中总结出三条合适的结论"，"描述教学心理学这门学科发展过程中的三件大事"，就省略了行为产生的条件和标准。省略了的条件和标准可在测量时再作规定。

2. 行为目标应采用具体、可观测的行为动词来表述

行为目标陈述有两类基本方式：一是采用结果性目标的方式，即明

确告诉人们学生的学习结果是什么，所采用的行为动词要求明确、可测量、可评价，主要应用于"知识与技能"领域。二是采用体验性或表现性目标的方式，即描述学生自己的心理感受、体验，主要应用于"情感态度价值观"领域。

3. 三维目标不能任意割裂

三维目标是新课程推进素质教育的根本体现，它使素质教育在课堂教学中的落实有了重要的抓手和坚实的操作性基础。知识与技能、过程与方法、情感态度与价值观是新课程目标的三个维度，是相互融合、相互制约、相互促进的三个方面，而不是三个目标、三种类型。可以说，知识与技能维度的目标立足于让学生学会，过程与方法维度的目标立足于让学生会学，情感、态度与价值观维度的目标立足于让学生乐学，任何割裂知识与技能、过程与方法、情感态度与价值观三维目标的教学都不能促进学生的健全发展。所以在课堂教学中，不能完成了一维目标再落实另一维目标，它们是联系在一起的。

三、教学目标的设计原则

（一）全面——体现多元性

在设计教学目标的时候要有整体的、全局的观念，使教学目标与教育总目标相符合。另外，教学目标自身构成要浑然一体，不能分开，合则一石三鸟，分则一损俱损，既要有知识与技能方面的，还要有过程与方法、情感态度与价值观层面的，并且三者要保持和谐一致。教学目标设计不要机械教条地运用，不能简单照搬一些参考的教学目标，陈述语要体现学生的学习结果。

（二）具体——体现操作性

教学目标要具有一定的操作性，表述不笼统抽象。用可观察和测量的行为动词来描述学生所形成的具体行为，要符合学生的认知水平，陈述词要具体、细腻，这样才能保证教学目标有一定的针对性，便于操作，考察教学效果，从而发挥其强大的激励、指导与聚合的功能。

（三）恰当——体现适度性

教学目标设计最主要的目的就是要促进学生的发展，并且要使教师在促进学生发展的同时也获得一定程度的成长。因此教学目标的制定不能过高也不能过低，要满足不同学生学习的基本需要，让学生感到学习有目标，"跳一跳能摘到桃子"，真正起到激励学生的作用。

（四）差异——体现层次性

新课程的教学要求面向全体学生，每一个学生和每一个班学生的学情都不一样，同一个教学目标，在这个班可能达到，而在另一个班有可能达不到，所以教学目标的设计一定要有针对性，要让学生自己感受到通过学习取得的进步。对于同一个班级的不同学生也要制定不同的教学目标，既有全体学生必须达到的目标，对学有余力的学生，又要提出更高的目标，创设充分发展的空间，做到"上不封顶，下要保底"。

第三章

学习任务分析与起点行为分析

　　教学目标只规定了一定教学活动完成之后学生应习得的最终能力及其类型，要使教学目标真正起到指导教学的目的，还要对学习任务与学生的起点行为进行分析，了解和掌握常用的任务分析方法，并能针对学生的学习起点对教学任务进行恰当的分析，这是本章要学习和探讨的主要内容。

第一节　学习任务分析

一、学习任务分析概述

（一）学习任务分析的含义

　　学习目标的达成不是一蹴而就的，它是在一定的内在条件和外在条件作用下逐渐达成的。对教学目标达成的内在条件的分析，即对学生所具备保证教学目标达成的条件的分析称为学习任务分析，它是指在教学活动之前，预先对教学目标中规定的、需要学生习得的能力或倾向的构成成分及其层次关系所进行的分析，目的是为学习顺序的安排和教学条件的创设提供心理学依据。进行任务分析除了需要具备某一任务领域的专业知识和训练的技能外，还需具备教学设计理论知识和技能。

（二）学习任务分析的范围

教学设计始于教学目标的设计，教学目标陈述的是"学生学完后将会做什么"，即学习结果。学习目标根据课程内容的不同可大可小，可以是一门课程的目标、一个教学单元的目标、一节课的课时目标，因此相应的学习任务分析的范围也可大可小，既可以是一门课程的任务分析，也可以是针对某一个教学单元的任务分析，还可以是针对某一节课的任务分析。任务分析的范围虽有不同，但分析的过程和分析的步骤是一致的。对于一线教师而言，最常用的是针对一节课的任务分析。

（三）学习任务分析的切入点

学习任务分析要探讨达成教学目标的内在先决条件（必要条件）和支持性条件（充分条件），无论目标的达成或教学任务的完成都与一定的教学内容有关。

学习任务分析的重点是确定各内在条件的类型、排列顺序以及相应的心理变化。切入点不同，分析的方法是不同的：通常以学习内容为切入点，可以运用归类分析；以任务类型和顺序为切入点，可以运用层级分析、程序分析；以心理加工模式为切入点，可以运用信息加工分析、认知的任务分析。

学习任务分析无论从何处切入，都要以学生为中心，探讨最有利于学生发展的知识结构、信息加工模式及技能层次。

（四）学习任务分析的意义

1. 学习任务分析是系统教学设计中最关键的环节

学习任务分析是将教学总目标分解、具体化的过程，是明确其从属目标的过程，所以有人称任务分析为目标分析。教学目标的确定是教学设计的首要环节，是教学设计的起点，更是教学设计的关键，因此，学习任务分析是系统教学设计中最关键的环节。

2. 学习任务分析在教学设计中起着承上启下的作用

学习任务分析是选择教学策略和教材的依据。在任务分析的基础上，我们才能结合学生特点寻找最合适的材料，选择最佳的策略进行教

学，所以鉴于任务分析与教学目标、教学材料和教学策略之间的密切联系，教学任务的分析在整个教学设计中起着承上启下的作用。

二、学习任务分析的方法

（一）归类分析

研究对有关信息进行分类的方法，旨在鉴别为实现教学目标而需学习的知识项目，即知识点，从而确定教学内容的范围，其常用于言语信息（陈述性知识）的学习任务分析，我们称其为归类分析。

适用范围：归类分析法主要用于言语信息类的学习内容，言语信息本身不存在逻辑层级或程序，所以只需要直接对达成目标所需的信息进行分析。

分析方法：对言语信息最有效的分析法是确定信息的主要类别。确定分类方法后，把需要学习的知识归纳成若干方面，从而确定教学内容的范围。

表达方式：可以采用组合、组合图示（分层，或分簇），或者列提纲的形式。

例1. 国家规定的中国区域划分的归类分析

（1）华北地区：北京、天津、河北、山西、内蒙古（5个省、区、市）。

（2）东北地区：辽宁、吉林、黑龙江、大连（4个省、市）。

（3）华东地区：上海、江苏、浙江、安徽、福建、江西、山东、宁波、厦门、青岛（10个省、市）。

（4）中南地区：河南、湖北、湖南、广东、广西、海南、深圳（7个省、区、市）。

（5）西南地区：重庆、四川、贵州、云南、西藏（5个省、区、市）。

（6）西北地区：陕西、甘肃、青海、宁夏、新疆（5个省、区）。

例2. 三角形分类的归类分析

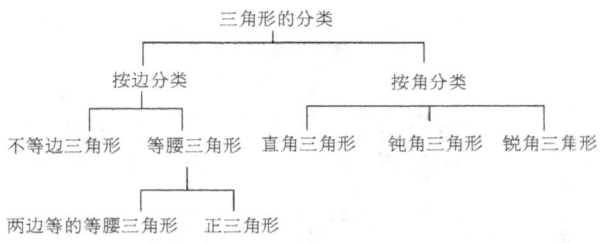

图 3-1 三角形的分类的归类分析

（二）层级分析

层级分析是对技能的层次分析，是用来揭示教学目标所要求掌握的从属技能的一种内容任务分析方法，是学习任务分析的最重要方法。

适用范围：层级分析法是用于揭示达成教学目标所需要掌握的从属技能的任务分析方法，适用于技能的任务分析，是一个逆向分析的过程。

分析方法：从已确定的教学目标开始考虑，要求学习者获得教学目标规定的能力，他们必须具备哪些次一级的从属能力？而要培养这些次一级的从属能力，又需要具备哪些再次一级的从属能力？以此类推，直到学生现有水平为止。各层次的知识点具有不同的难度等级——越是在底层的知识点，难度等级越低（越容易）；越是在上层的，难度越大。层级分析的原则虽较简单，但具体做起来却不容易。它要求参加教学设计的学科专家、学科教师和教学设计者熟悉学科内容，了解教学对象的原有能力基础，并具备较丰富的心理学知识。

表达方式：采用层级依赖关系图示。

例 1. 解决问题教学目标层级分析

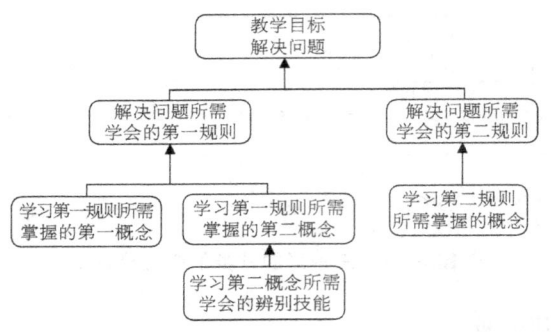

图 3—2　解决问题教学目标层级分析

例 2. 英语中把"现在时态的句子转化为过去时态的句子"

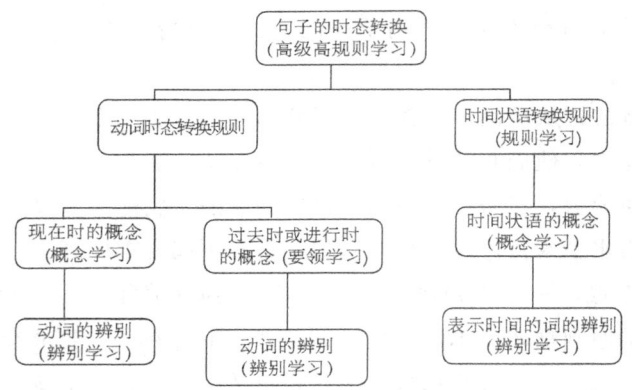

图 3—3　句子时态转换的学习任务分析

（三）信息加工分析

信息加工分析是体现思维过程的学习任务分析方法，其最大特点是揭示了有关学习行为的心理操作过程，按照思维顺序找出各部分学习任务之间的结构关系，确定学习步骤，与认知策略密切相关。

适用范围：信息加工分析法是一种将教学目标要求的心理过程揭示出来的内容分析方法，这种心理操作过程及其所涉及的能力构成了教学内容。

分析方法：按照信息加工的步骤，写出每步要做的事情，包括内隐的心理操作过程和外显的动作技能的操作过程。

表达方式：采用过程图示或步骤罗列。

例 1. 计算算术平均数 x（教学目标）的分析过程

列出各数据 $x_1,x_2,\cdots,x_n$ → 计算数据和 $\Sigma x_i = x_1 + x_2 + \cdots + x_n$

→ 计算总体单位 n → 计算算术平均数 $\overline{x} = \dfrac{\Sigma x_i}{n}$

信息加工分析过程强调任务分析的连续性，但不一定是直线式，它也可以在某一点经过判断后转向其他的途径，而且可以在一定的步骤中进行精细加工。

例 2. "两位整数减法"信息加工任务分析

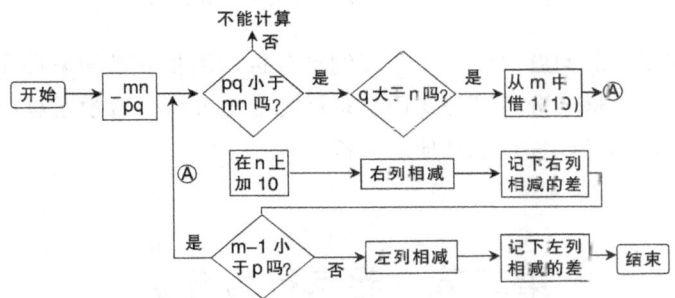

图 3—4 "两位整数减法"信息加工任务分析流程图

在我们的学校教育中，有经验的老师也采用其他形式展开思维分析。如下面这道应用题。

例 3. 自行车厂计划每天生产 500 辆自行车，25 天完成任务，技术革新后，20 天就完成任务，现在平均每天比原计划多生产多少辆？

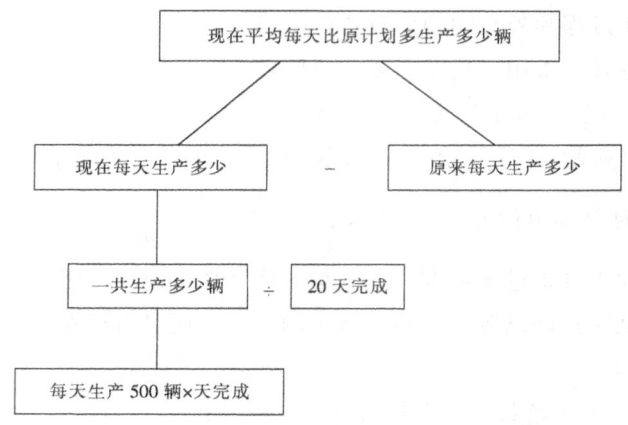

图 3—5　应用题解决问题任务分析图

　　从应用题的问题出发一步一步倒推分析，逐步向已知条件靠拢，直到解决问题，这个分析过程实质也是信息加工分析。数学运算或推理问题的分析，都可以进行信息加工分析。

第二节　起点行为分析

　　学习的过程是新的内容与学生原有的认知结构相互作用形成新的认知结构的过程。教学设计的目的就是使学生顺利地实现这个目标。因此教师必须对学生充分了解，才能准确地把握学生的学习心理，恰当地处理教材，选择合适的教学方法。

　　我们常听到学生的反映："我们懂的地方老师讲得很多，我们不懂的地方老师反而讲得少。老师讲得过多，重点却不突出，讲过以后我们还似懂非懂，下课以后自己做题就更不会了……"凡此种种，都说明老师不太了解学生的实际，心中无数，教学失去了针对性。

　　我们所说的了解学生，首先就要了解学生的自然情况，以及班级的整体情况。这里所说的自然情况主要指姓名、年龄、身体情况，与同学和老师的关系、性格、家庭环境、家庭教育环境等等，小学高年级及初中的学生有没有不良嗜好，如：玩游戏机等；所说的班级整体情况主要指班级的构成、特点、风气、智能结构、学习情况、学习兴趣、对老师教学的态度等等。要使你的教学设计成功，取其最佳效果，必须方方面面都做到心中有数。有的放矢，知己知彼，百战不殆。

其次，要了解学生的学习基础，也就是要了解学生学习的准备状态。它包括学生的起点行为分析、学生学习障碍心理分析、学生对认知特点个别差异以及认知风格的心理分析。

一、起点行为与起点行为分析

起点行为是学生在教学开始前必须掌握的知识、技能以及应有的态度，通常是指那些与学习新课程有关的。

起点行为分析是结合任务分析，明确学生在学习之前是否已具备了必不可少的知识、技能和态度的过程。教学必须明确教学目标和学生原有准备状态，原有准备状态正是教学的出发点，起点能力分析正是要了解学生具备了哪些有关的知识与技能。

二、起点行为分析的内容

（一）对学习者知识水平起点的分析（不仅分析知识点，而且要分析认知结构）

1. 学习者头脑中是否存在与新知识有逻辑关系的知识

学习的实质是新知识与学习者认知结构中已有的知识联系，新旧知识互相作用，结果新知识获得意义，纳入原有知识结构中，原有认知结构发生改组。对学习者知识水平起点的分析，不仅分析知识点，而且要分析认知结构。

2. 认知结构分析

所谓认知结构，就是指学生现有知识的数量、清晰度和组织结构，它是由学生眼下能回想起来的事实、概念、命题、理论等构成的。

原有的认知结构是影响新的有意义学习与保持的关键因素，即有意义学习的发生与习得意义的保持的效果都会受到学习者认知结构特征的影响。可利用性、可分辨性、稳固性是三个最重要的认知结构变量，对学习

者认知结构的分析，主要就是确定学习者的这三个认知结构变量特性。

（1）认知结构的"可利用性"分析

"可利用性"分析是分析学习者原有认知结构中是否存在可用来对新观念（即新概念、新命题、新知识）起固定、吸收作用的观念，这个起固定、吸收作用的原有观念必须在包容范围、概括性和抽象性等方面符合认知同化理论的要求。

对于当前所学的新观念（新概念、新命题、新知识）来说，有可能起固定、吸收作用的原有观念与新观念之间通常有以下三种关系：上位关系、下位关系、并列结合关系。

①上位关系

上位关系也叫总括关系，是指当前所学的内容（新观念）具有较广泛的包容性与概括性，学习者所学习的新知识的包摄性和概括水平高于原有知识，新知识与旧知识构成上位关系，新知识学习属于上位关系学习也称上位学习。上位学习能把一系列原有观念总括于新观念之中（也就是使一系列的原有观念类属其下）。在此情况下，新观念处于上位，而原有观念则处于下位。上位关系的学习教学模式由个别到一般，由具体到抽象的认知过程，它导致具体知识统一到更概括的知识之下，为新的具体知识的学习提供上位学习，常采用发现学习的模式。

例如，当学习者学习了"香蕉""苹果""芒果"等下位概念后，再来学习"水果"这一上位概念时就属于上位学习。数学中学习了"整数""分数"后，又引进了"负数"，它们都是有限小数和无限循环小数，在此基础上我们把整数、分数统称"有理数"，"有理数"就是一个包容程度更高的概念，属于上位概念，其学习就属于上位学习。

②下位关系

下位关系也称类属关系，是指当前所学内容（新观念）类属于学习者认知结构中某个包容性更广、抽象概括程度更高的原有观念，学习者原有知识的包摄性和概括水平高于新学知识，新知识与旧知识构成下位关系，即原有观念处于上位，新观念处于下位，新知识学习属于下位关系的学习，也称下位学习。下位关系的学习教学模式是由一般到个别，抽象到具体的认知过程，它导致认知结构不断分化和精细化，常采用接受学习的模式。

例如，教学"圆"时，由于学生在正方形，长方形的学习中已形成了轴对称图形的概念，由于圆具有轴对称图形的一切特征，学生立即就发现"圆也是轴对称图形"，新命题获得了意义，也使原命题——轴对称图形得到充实。又如，在掌握汉字的"间架结构"概念的基础上，进一步学习"左右结构字""上下结构字"和"包围结构字"也属于这种下位学习。再如，若学习者有"平行四边形"的概念，则我们可以通过"菱形是四条边一样长的平行四边形"这一新命题来界定菱形。在这种情况下，学习者对原有命题只需稍作修改或扩展就能产生出新命题的意义，所以处于下位关系的知识比较容易学习。

③并列结合关系

并列结合关系是指当前所学的内容（新观念）与学习者认知结构中的原有观念新知识与旧知识之间既不存在上位关系，也不存在下位关系，既不从属也不能进行总括，互相间缺少具体的直接联系，而是并列结合关系，但却具有某种共同或相关属性的情况。并列结合关系的学习称为并列结合学习。由于新知识与旧知识之间具有某种相似性，新知识也可以被旧知识同化。并列结合学习可以促使知识的综合与贯通，没有固定的学习模式，因此，只有对新旧知识之间的关系分析清楚，才能选择最优的教学模式。

例：学习"平行四边形"后，接着学习"梯形"。学习"正比例函数"后，再学习"反比例函数"，"圆"与"椭圆"，"圆"与"扇形"。虽然在这类新旧概念之间不存在上述下位关系和上位关系，但是通过仔细分析可以发现，它们之间仍然具有某种或某些相关的甚至共同的属性，正是这类相关或共同的属性才使新旧知识之间仍然能够建立起某种非任意的实质性联系，从而达到有意义而非机械的学习。

确定认知结构是否具有"可利用性"，就是要确定在当前所学的新概念、新命题、新知识与学习者原有认知结构中的某种概念、命题或知识之间是否存在上述三种关系中的某一种关系，如能找到上位或下位关系，这是最理想的，因为在这两种情况下，如上所述，可以直接建立起新旧知识之间的非任意的实质性联系，学习者所需进行的认知加工比较简单，因而可以较轻松地完成学习任务。如果找不到上位或下位这两种关系，那就只能去寻找新旧知识之间的并列结合关系。这就要求在新旧

知识（或新旧概念、命题）之间作比较深入的分析对比，以便从中找出某种或某些相关的甚至是共同的属性。

（2）认知结构的"可分辨性"分析

"可分辨性"分析是分析起固定、吸收作用的原有观念与当前所学新观念之间的异同点是否清晰可辨。新旧观念之间的区别愈清楚，愈有利于有意义学习的发生与保持。这一步工作可以和确定认知结构变量可利用性的工作同步完成。

如果可利用的原有概念与当前所学的新概念之间属于类属关系，那么，由于类属关系就是上下位关系——原有概念为上位，新概念为下位，这二者之间的关系无需我们作进一步的分析就已经泾渭分明，清晰可辨了；如果可利用的原有概念与当前所学新概念之间属于总括关系，那么，由于总括关系实际上是"下上位关系"——原有概念为下位，新概念为上位，所以这二者之间的区别也是清晰可辨的；如果可利用的原有概念与当前所学新概念之间属于并列组合关系，这时新旧概念之间的区别就要作比较深入的分析对比，在努力寻找它们共同（或相关）属性的同时，也要注意发现它们彼此之间相区别的属性。

（3）认知结构的"稳固性"分析

"稳固性"分析是分析起固定、吸收作用的原有观念是否稳定、牢固。原有观念愈稳固，也愈有利于有意义学习的发生与保持。如果学习者认知结构中的原有观念不是稳固的，则应在教学过程中设法采取补救措施——努力使当前教学中将要加以利用的原有观念变得稳定、牢固，以免它对新的有意义学习的发生及保持产生不利影响。

一般说来，若能找到和新观念具有类属关系或总括关系的原有观念，那么，这种原有观念通常对于绝大多数的学习者都是比较稳定而牢固的；假如原有观念与新观念之间是并列组合关系，则这种原有观念的稳固性将随不同的学习内容而有较大的差别。

3．学习者认知结构中的知识层次是否合理

学习者认知结构中的知识层次是否合理也对新知识的学习起着重要的作用，合理的知识结构既是知识理解的产物，又是进一步学习新知识的前提。试想，一个把蝙蝠和麻雀视为同一类的学生，是很难理解蝙蝠不是鸟而是哺乳动物的。

4．能力水平分析

任何一个学习者在学习时都是把他原来所学的知识和技能带入新的学习过程中的，因此，教学系统设计者必须了解学习者原有的知识和技能。起点能力分析分为预备能力分析和目标能力分析。

（1）预备能力分析

进行预备能力分析是为了明确学习者对于面临的学习是否有必备的行为能力，应该提供给学习者哪些"补救"活动。对学习者必备的行为能力起点的分析不仅要分析从属技能，而且要分析技能的熟练程度，不仅要明确技能之间的层次，以便更好地把握某一技能的从属技能，而且要明确技能掌握的程度，为教学找到恰当的起点。

（2）目标能力分析

目标能力分析是为了了解学习者对要学习的东西已经知道了多少，是否存在错误理解等。分析方法可以直接使用期末考试题在学程开始之前就对整个学程的教学目标所要求的能力一并进行预测。

（二）对学习者技能水平起点的分析（不仅要分析从属技能，而且要分析技能的熟练程度）

1．明确技能之间的层次，以便更好地把握某一技能的从属技能辨别、概念、规则、高级规则，前者是后者的从属技能，只有获得前者，才能获得后者。

2．明确技能掌握的程度，为教学找到恰当的起点。

不同的教学起点对技能的熟练程度的要求是不同的。这主要与学习者的知识基础、认知特点、智力与非智力因素的发展都有直接的关系。

（三）对学习者态度起点的分析

1．什么是学习态度

学习态度是指学习者学习所持有的较稳定的倾向，或积极，或消级，或肯定，或否定，学习者学习态度直接影响学习效率。

学习态度即学习者对所学内容的认知水平和态度，对教学传递系统的态度或喜好，这对选择教学内容、确定教学方法等都有重要的影响。因为学习态度体现个体倾向性，进而学习者学习态度直接影响学习效率。判断学习者的态度起点比较困难，教师要随时留意观察，了解每个细节。

2．态度包括：认知成分、情感成分、行为倾向成分

（1）认知成分：与表达情感和态度对象之间关系的概念和命题有关。

（2）情感成分：与伴随、概念和命题的情绪或情感有关，被认为是态度的核心部分。

（3）行为倾向成分：与行为的领先安排和准备有关。

对学习者态度起点的分析的方法常采用态度量表或与个别同学谈话、上课、批改作业、课外辅导、书面测验、问卷调查等多种方式。

此外，对教学传递系统的态度或喜好与学习者曾经的学习经历和学习条件有关，会影响教学策略的选择。

（四）对不同学段的学习者特征分析

人的心理发展表现出若干个连续的阶段，处在不同年龄阶段的学习者会表现出不同的心理特征。学习者的心理发展规律及特征是教育工作的重要依据，教学内容和教学策略的选择都要考虑这一因素。

分析学习者的心理特征因素，可以从心理的认知因素（例如感知、记忆、思维、想象等方面）和意向因素（例如动机、注意、情感、意志等方面）入手。前者是决定认知过程速度与水平的主要因素，也称为智力因素；后者与学习者的积极状态相关，称为非智力因素。还可以从学习者的认知特点、注意和意志的特点、情感特点和个性特点等方面入手。

小学生的心理特征：认知水平还处在发展的初期，思维发展水平从具体形象思维向抽象逻辑思维过渡，记忆以机械记忆为主；注意力不稳定，容易分心，注意受兴趣的影响很大，不善于调控自己的注意；意志力薄弱，自制力差；情感逐渐丰富，但坚持性较差，对教师信任和依赖；个性方面好动，好模仿，易受暗示，等等。需要说明的是，学生的发展是极为迅速的，小学低、中、高各个年段的学生就已经逐步表现出差异性。因此，即使同在小学阶段，教师仍然需要根据学生具体所处的年龄段，从上述几个方面把握其心理特征。

在中学阶段，学生的心理特征同样是一个发展的过程。中学初期，他们还会表现出幼稚与懂事、依赖性与独立性、自觉性与不自觉性相互交织的复杂现象；他们的认识水平、能力还不高。中学后期，则是一个逐步趋于成熟的时期，自制力有所提高，自觉性、独立分析问题的能力有提高，要求进步，是独立地走向社会生活的准备阶段；思维的独立性、批判性快速发展，不盲从他人意见，自我评价日趋成熟，自尊心增强，自我教育能力也有一定提高。因此，教师需要根据学生的身心发展的不同时期、不同特点设计教学起点，设计教学内容。

三、起点行为分析的一般步骤

起点行为分析往往与学习任务分析同时进行，或在任务分析之后进行，主要分以下五个步骤。

1. 根据任务分析，设定教学起点。所设起点之下相应的知识技能即为起点行为。

2. 根据起点行为编制并实施预备性测验（后测）。目的是为了了解学习者是否具备了进行新的学习的从属知识技能。

3. 根据终点目标编制并实施目标性测验（前测）。目的是了解学习者对目标知识技能的掌握程度，相当于把目标水平设定为教学起点的起点行为分析。目标测验使教师了解学生对新知识的掌握情况，以使在教学中更好地把握重点、难点，通过预测和终结性测验成绩的比较，更好地反映教学效果。

4. 了解学习者对所学内容的态度。例如，低年级学生注意力集中时间短，可以增加游戏，提高兴趣，了解学习者对所学内容的认识水平及态度，选择教学内容，确定教学方法。

5. 确定或调整教学起点。预备性测验达标，而目标性测验未达标，教学起点恰当。若都达标，要提高教学起点，预备性测验未达标要降低教学起点。

四、起点行为分析与学习任务分析的关系

学习任务分析和学生行为起点分析是选择教学材料和教学策略以达成教学目标的重要依据。相对于终点目标，学习任务的层级分析探明了要达到终点目标学生必须掌握的从属知识和技能。经过层层剖析，一项复杂的教学任务被分解成一系列较简单的从属知识技能，各项从属知识和技能之间的关系也得以明确揭示。然而教学从哪一层开始呢，这又取决于起点行为分析。可见起点行为分析明确了达到终点目标的教学起点，任务分析明确了从教学起点到终点的各个步骤、各个环节。两者之

间的关系十分密切。

（一）起点行为分析限定了学习任务分析的深度

先看一个教学目标是辨认一段文章中动词和名词的任务分析（层级分析）例子：

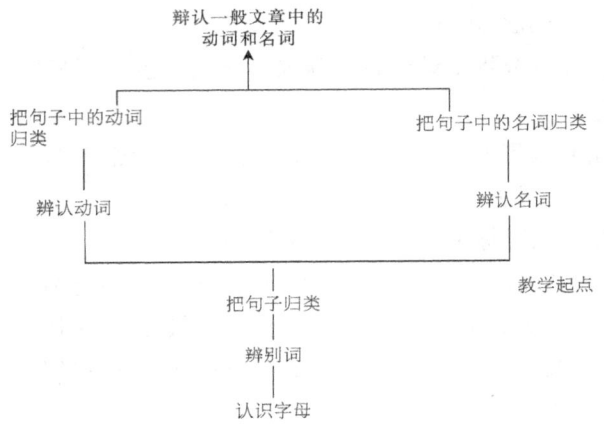

图 3—6　"辨认文章中的动词和名词"为目标的任务分析图

教学任务的层级分析是从最终教学目标入手，逆向剖析为实现该教学目标所需要掌握的从属技能，但这种逆向的剖析可以层层进行，而且可以无休止地进行。那么这种剖析到哪结束呢，答案在于起点行为分析。通过起点行为分析，我们了解了学生已学会辨别词，并能对句子归类。那么针对这一水平的学生，学习任务的分析就不用再去剖析辨别词的从属技能了，同时起点也就明确了。可见起点行为分析明确了学生当前的知识、技能和态度情况，任务分析到此方可结束。

（二）任务分析规定了起点达到终点的"前进路线"

任务分析是一个逆向分析的过程，即从终点到起点的分析。如果我们从下往上看，从教学起点到终点，这幅图规定了从教学起点到终点的"前进路线"，即先掌握哪些从属技能。在此基础上再掌握哪些从属技能，直至完成教学目标。若低估学习者已具备的基础，在不必要的教学活动中浪费时间和精力；若将学习起点确定得过高，使教学脱离大多学生的实际水平。

可是如果忽视起点行为分析，学习任务分析就会脱离实际。

可是如果只重视起点分析，忽视任务分析，那么只能是站在起点望终点，而不知如何才能达到。

五、起点行为分析的意义

（一）起点行为分析是确定教学起点的依据之一

确定教学起点的依据有两个：一是学习任务分析；二是起点行为分析。

（二）起点行为分析是把握教学重点，确定教学难点的依据之一

在上文辨认一段文章中动词和名词的任务分析例子中，通过起点行为分析，我们了解到学生已具备了认识字母辨别词和将句子归类的技能，同时学生已在一定程度上掌握了辨别名词的技能和把句子中名词归类的技能，这时动词的辨别和归类就成为教学难点。

（三）起点行为分析和任务分析结合，为教学活动的展开提供基本框架

从教学起点出发到重点目标，通过任务分析呈现出的从属目标和从属知识、技能正是教学的各个阶段。这些从属目标就成为教学的具体目标，成为教学活动展开的基本框架。

（四）起点行为分析是教学内容和教学策略选择的依据之一

教学内容和教学策略是起点达到终点的手段，它依赖于教学目标、教学任务，更依赖于学生起点行为水平。因为任何手段要发挥作用必须依赖学习者主动参与，所以了解学习者知识、技能的准备状态，才能选择适合学生的、恰当的教学内容和教学策略，才能有利于教学实效。

例如，课堂提问设计什么样的问题？目的是什么？难易度是怎样的？这个问题针对哪些学生？只有对学生的起点行为分析清楚才能有的放矢，使你设计的问题更有价值。

（五）起点行为分析还为因材施教提供保障

通过起点行为分析教师可以把握相对于已经确定的教学起点学生是否做好了充分准备。如果没做好充分准备，则要在教学开始前及时做好补救工作。如认识三角形的底和高，某学生还不知道什么是垂线，教师必须进行个别辅导，以使新内容能正常进行。

第四章

教学标准参照测验设计

　　一个教学过程结束之后，需要了解学生的学习结果，要进行评价。测验虽不是教学评价的唯一或全部内容，却是重要的组成部分，这就需要教师具备编制试题的技能。标准参照测验以是否达到教学目标为评价标准，是新课程倡导的测验形式。本章主要研究这些试题编制技术方面的问题了解编制标准参照测验的原则，掌握编制不同类型试题的方法、步骤，确定解释成绩的标准。

第一节　教学标准参照测验概述

一、标准参照测验的概念

（一）标准参照测验

　　测验是我们进行教育教学评价的重要手段，编制试题也应是教师进行教学设计的基本功之一。过去我们所编制的试题多是在教学活动之后才着手，其题目的难度据班级学生的能力或教师的教学效果估计，这类试题的编制可能由教师的兴趣、能力所决定，而不是由教学内容的性质所决定。现在我们的做法是在把课时目标分解为具体目标之后，紧接着就应编制与之相匹配的试题，以检测这些具体的行为目标，这样的测验我们称为标准参照测验，这样的试题我们称之为标准参照试题。

标准参照测验是测量学生掌握知识的程度，根据原定教学目标来解释学生成绩的测验。标准参照测验是将学生的成绩与预定的课程标准和教材规定的教学目标相比较，表明学生掌握教学内容、达到教学预定要求的程度。

标准参照测验不同于常模参照测验。标准参照测验以教学目标为参照点，根据教学目标而定，测验后关心的是是否达到教学目标，而不是与其他学生比较成绩所处的位置如何，如果学生对教学目标中规定的知识技能都掌握了，则可能 100％都达标，如果没有达到教学目标可能 100％都不达标；常模参照测验以团体平均成绩为参照点，是将学生的成绩与团体平均分相比，解释学生的成绩居于什么水平，学生总有 50％的人在中等水平以下，50％的人在中等水平以上。

（二）标准参照测验构成的一般要求

1. 范围恰当

范围恰当是指对欲测量的结果性目标和体验性目标的范围做出恰当的描述。标准参照测验以教学目标为参照点，而在前面的教学中我们把教学目标按目标层次系统分为总目标、子目标，对于不同层次的目标，标准参照测验根据测验时机不同，可分为结业考试、期末考试、期中考试、单元测验、课堂测验等几种，各种测验的教学目标范围不同，针对不同的测验应确定不同的范围。结业考试的范围应以学段教学目标、教学内容作为测验范围；课堂测验应以课时教学目标、教学内容为测验范围。当然了，由于我们把教学目标分为结果性目标和体验性目标，两种目标在描述上有所不同，测验中我们对预测验的结果性目标和体验性目标范围和体验性目标范围也应做出恰当的描述。

例如解释"夜以继日"一词，可以这样设计测验题目：结合上下文的意思，解释"夜以继日"一词。这里"结合上下文的意思"明确了答题的范围，应试者才能有的放矢。

2. 考察全面

考察全面是指测验试题对要取样的范围必须具有广泛的代表性，这就是说测验的内容能够较为广泛地覆盖所要检查的教学内容。测验的题目不仅要覆盖所有的知识点，还要考查学生的理解、分析、综合评价等认知水平、智力与运动技能、情感态度的发展。

如一元二次方程的解法单元测验，测验题目所要覆盖的知识点主要是一元二次方程的四种解法（直接开平方法、配方法、公式法、因式分解法）。在编制题目中就要有明确要求用直接开平方法、用配方法、用公式法、用因式分解法解一元二次方程的题目，还要设计任选方法的题目。

当然，根据考试范围的增大，相应范围内的知识点会相应增多，由于考试时间、题目数量等的限制，所要考查的知识点的比例可能会相应减少。如某一学科的结业考试，会出现不能覆盖所有的知识点的可能，但一般来说应涵盖知识点不少于 2/3，以主要知识点为主。

3. 测验的试题不应涉及无关的难点

标准参照测验的试题不允许超出课程标准的要求，紧紧围绕着教学目标编制题目，不给学生造成其他负担。以往有的老师出题中常有一种误区，总希望自己出的题要难倒学生，这其中难免有脱离过去大纲要求的内容。有句话说得好——"题海无涯"，教师要难倒学生是一件易事，但试题中不应涉及无关的难点。

如在数学测验中，把一个其他学科的难点牵扯进来，这当然就是无关的；又如在数学测验中人为地出一些偏题、怪题、似是而非的题目，也是没必要的；而有意地编一些繁难的计算，也脱离了课程的要求。

4. 标准合理

标准合理是指设计测验的同时，也要设计一个合理的达标水平。测验的难度应符合课程标准和教材的规定，不能难度过高，也不能过低。要根据预测验的教学内容及预定的教学目标，制定出一个教学要求能接受的最低标准。如果学生达到这个标准，就说明学生对欲测量的内容已掌握，达到了教学目标的要求，从而可以进入下一步的学习。

例如我们大学的考试，每学科都有一个最低标准，学位课 75 分为最低标准，考试课 60 分为最低标准，通过即为合格。

总之，标准参照测验的构成原则应遵循：命题范围恰当；考察全面的知识点、能力水平；不人为地编造偏、难、怪题；设计一个合理的达标水平。

二、标准参照测验的作用

（一）对学习情况进行测试和评价

依据新课程标准确定教学目标，规定了学生的学习领域，一个教学过程通过师生互动之后有没有达到有效教学，通过测验与评价就能了解学生在结果性目标和体验性目标方面是否达到了课程标准的要求，就能了解学生在学习过程和学习结果上存在的差距和问题，就能了解学生是否采用了有效的学习方式参与教学活动，这些情况的获得是调整下一个教学过程的现实依据。

（二）提供关于教材使用效果的分析

通过标准参照测验可以分析教材编制的优缺点，教材的编订和实施是否实现了教学目标。实现的程度如何，以判定教材设计的效果，以便于改进教材。

第二节　教学标准参照测验设计

我们知道标准参照测验按测验时机可分为课堂测验、单元测验、期中测验、期末测验、结业测验。从设计程序上来说，它们的设计步骤方法是相似的，可以互相借鉴。我们在本节中重点讲述课堂教学标准参照测验的设计，也可用于其他标准参照测验。

一、编制标准参照测验的步骤

1. 明确所要考查的教学内容范围。即这个测验要考查哪个章节，哪一课时的教学内容。

2．确定学习单元的知识项目（即知识要素），一一列出。

在一章、一节或一堂课的教材中，有的是背景知识，有的是难点，有的是关键，这些项目都需要一一列出。

3．编制一个合理的命题计划表。

4．具体地编制试题。

5．将试题拼配成试卷。

二、编制一个合理的命题计划表

（一）何谓命题计划表

1．命题计划表的概念

命题需要一定的分析工具和设计方案，命题计划表是其中最常用的一种。它是反映所要考查的学习内容与学习目标的细目及其比例的双向细目表，因此也称它为双向细目表，它受课程标准的结果性目标和体验性目标的约束，是命题的具体依据。

一般而言，双向细目表包含三个要素：考查内容、考查目标、考查内容和考查目标的比例或权重。

（1）考查内容即课程标准中规定的相应单元的知识点，一般是教材所限定的内容，可以按学科的具体章节内容将试题分类，也可按知识点将试题分类。

（2）考查目标即标准参照测验所要考查的课程标准规定的某个知识点的认知要求，主要是考查认知、技能水平，态度情感发展目标。

编制一个结果性目标与体验性目标相结合的命题计划表比较困难，多数情况是分开来编的。

（3）考查内容和考查目标的比例或权重即从学习内容和学习目标两个维度分类所形成的各类的比例。"双向"是指按两个维度来编制计划，命题计划表就是学习内容与学习目标的双向细目表。

2．命题计划表的构成示例

（1）以认知目标为主的命题计划表

以认知目标为主的命题计划表主要是把目标从认知水平进行分类，认知目标一般用了解、理解、掌握、应用、创造等词语表述。例如表4—1：

表 4-1　初中物理测验的命题计划表

认知\内容	了解	理解	应用	创造	合计
力学	5	10	12	3	30
热学	3	5	5	1	14
电磁学	5	11	11	1	28
光学	2	4	4	1	11
原子物理	1	1	2	1	5
实验	3	7	1	1	12
合计	19	38	35	8	100

（2）以技能目标为主的命题计划表

以技能目标为主的命题计划表主要是把目标从技能水平进行分类，技能目标一般用模仿、独立操作、迁移等词语表述。例如表 4-2：

表 4-2　体育测验的命题计划表

技能\内容	模仿	操作	迁移	合计
体操				
短跑				
跳高				
合计				100

（二）命题计划表的编制方法

无论哪种教学目标为主的命题计划表，编制方法原理都相同。根据课程标准的要求，不同的知识要求掌握的水平不同；根据考试命题的要求，考试题型有主、客观之分，题目难易度要适当区分，我们的命题计划表还可以做得更细一些，以数学考试命题计划表为例，本次考试满分为 100 分，命题要求客观题不超过 30%，易中难的比例为 7：2：1。命题计划表（学习具体内容略）如表 4-3：

表 4-3　　数学期末考试命题计划表

学习内容 \ 学习目标	题号		水平层次				题型			难易度			出处			合计
	大题	小题	了解	理解	掌握	应用	客观题		主观题	易	中	难	原题	改编	自编	
							填空	选择								
知识点 1																
知识点 2																
知识点 3																
……																
知识点 30																
合计							20	10	70	70	20	10				100

表中数据为各知识点的赋分，其确定的依据为：

（1）各类教学目标教学时数的比例。

（2）目前各类教学目标学生掌握的薄弱环节。

（3）各类教学目标在整个教学目标中的重要性。

（4）根据有经验的教师和专家的意见。

在操作中可将某次测验所包括的所有教学目标根据其权重依次归类于表中，参照多方面依据，适当修正。

三、试题分类

为了让编制的试题符合命题计划表中的比例，真正达到考察的目的，教师就应该从教学目标的角度将试题分类，也就是将试题正确的归类分别列入命题计划表的每个方格中去。下面我们重点分述在认知目标方面各类试题的特点。

1. 测量"了解"的试题

了解是对知识的含义有感性的、初步的认识，能够说出这一知识是什么，能够（或会）在有关的问题中识别它。

"了解"类试题主要考察学生的记忆水平，对知识进行再认识和回忆的能力。学生回答这类问题只要能正确回忆就能答出来，编制这类问题也较简单，一般不采用对学生来说具体的术语、环境和提法。"了解"水平的试题中行为动词多用"默写"、"描述"、"复制"、"说明"、"复述"、"辨认"、"指出名称"、"列出要点"等词语表述。

例：（1）根据这份提纲的顺序复述课文；

（2）描述"五四"运动；

（3）说出数轴的三要素。

（二）测量"理解"的试题（领会）

理解是对概念和规律（定律、定理、公式、法则）达到了理性的认识，不仅能够说出概念规律是什么，而且知道它是怎样得出来的，它与其他概念规律之间有何关系，有何用途。

"理解"类试题主要考察学生对知识初步理解，能对学习材料进行转化、解释和推断。测量理解能力的题目多采用"举例、推断、释义、解释、改变、区别、估计、引申、概括、写出梗概、改写"等行为动词表述。例如，用自己的话复述课文或说出《龟兔赛跑》的引申意义就是要求学生理解的试题。

（三）测量"掌握"的试题

掌握是在理解的基础上，通过练习形成技能，能够（或会）用它解决一些新问题。

"掌握"类试题主要考察学生在理解的基础上，把知识用到新环境中的能力。测量掌握能力的题目多采用"判断、区别、提供、把……转换、猜测、预测、估计、推断、检索、收集、整理"等行为动词表述。

（四）测量"应用"的试题

灵活应用是能综合运用知识，并达到了灵活的程度，从而形成了能力。

"应用"类试题要求学生会用自己学过的定律、法则、原理、公式去解决新问题。试题应不同于例题和学生已做过的习题，是以前未见过的试题，应用类试题要求学生能够把面临的新问题归类到已学过的某类问题中独立寻找解决该问题的方法。应用类试题的行为动词多用"运算"、"证明"、"修改"、"解决"、"使用"、"预计"、"制作"、"区别"、"确认"、"倒述"、"推断"、"指出"、"分析"、"评价"、"评论"、"论证"、"判断"、"估价"、"对比"、"评议"、"证明"、"证实"等词语。如化学课中"设计用高锰酸钾制取氧气的实验";政治课中"根据'一部分人,一部分地区先富起来,可以克服平均主义,但是不可避免地产生两极分化',写一篇短文论述上述言论";数学中的证明、应用题、用数学知识解决实际问题的题目都是考察灵活应用类的试题。

四、编制题目

有了命题计划表、编制各类试题、确定各类试题的比例就有了依据,接着就可以编制试题了。最简便直接的方法是把具体教学目标附加上"条件"或"标准"即可。好的教学目标已经蕴涵了学习结果的检测方法和评价标准,略加改动把条件或标准具体化就变成了试题。

例1. 教学目标:学生能说出野生动物是怎样被驯化为家畜家禽的
　　　 编制试题:野生动物变成家畜家禽的主要原因是什么

例2. 教学目标:学生会画垂线和平行线
　　　 编制试题:过直线外一点画已知直线的平行线

在编制试题时,应注意以下几点:

1. 应将试题中考查的学生行为与目标中规定的条件相匹配。

题目不能超出目标的基本要求。例如,结果性目标是学生会计算两位小数的混合乘法,编制试题:计算 $27.04 \times 2.5 + 57.1$,是符合目标条件规定的,而计算 $23.403 \times 4.01 - 57.1$ 就不符合目标条件规定。

2. 题目数量多少能确切地反映掌握了目标。

为了充分证明学生是否掌握了教学目标,标准参照测验必须有足够的题量,测验所包含的试题总数应多到足以在所有内容范围和能力层次方面都有一些试题,这样才能保证测验是教学目标的最理想样本,试卷有较强的代表性。但实际上课堂教学测验还要受其他因素制约,不能完全做到这一点,影响题量的因素有以下几种:

(1)课堂测验的时间。应有充分的时间让至少80%的学生能够做完所有试题。

（2）测验所采用的题型。采用客观性试题（选择题、是非题、匹配题、填空题），题量可大一些，采用主观性试题（应用题、证明题、论述题、简答题等），题量只能小一些。

（3）智力的多元性。由于学生的智力是存在多元性的，反映能力的试题就应考虑对不同智力方面测验的有效性。这类试题应带有情境性，是全新的问题，以便检测出学生在不同智力领域研究和解决问题的能力。

（4）学生的年龄和教育水平。低年级的学生阅读、计算速度较慢，题量要少一些；高年级学生反映迅速，题量可大一些。一般来说，中学的学生答题时间为老师答题时间的 3 倍，小学低年级学生答题时间与教师答题时间的比会更小。

（5）学生的能力水平。学习能力高的学生分析能力强，掌握教学目标熟练程度高，答题速度快一些；学习能力低的同学分析熟练程度低，思维较慢，答题速度会慢一些。

（6）试题的复杂性。如果试题是阅读材料或编制图表的题，比较费时，题量需少一些。

（7）所测量的目标类型。目标能力层次较低的题目，只需学生回忆，所需时间较少，题量可大一些；能力层次较高的题目，需要学生将知识运用于新情境中去，题量只能少一些。

总之，在上述情况允许条件下，应尽量扩大测验覆盖面。各考核目标层次要求在整体测验中的比例一般来说：考查最低、最高层次试题的比例略小一些，也就是说记忆类的试题，考查创见或创造性运用、评价的试题比例要小一些；考查理解、应用的试题比例应大一些，是测验的主要部分。

3．行为类型与题型相匹配

不同的题型可以考查不同学生的学习能力，因此应正确选择题型。

课堂教学题型分两大类：一类是自己提供答案的题型，另一类是学生从题目中的若干答案中选择正确答案（如选择题等），使用何种题型取决于以下几种因素：

（1）所要测量的教学目标

教学目标是考查学生思维的敏捷性和思维结果，一般用客观题；考查学生思维的严密性和思维过程的题目，一般用主观题。如果教学目标是要求解释基本概念，可采用选择题、判断题；教学目标是形成动作技能，可采用实际操作性试题；教学目标是提高文字表达与材料组织能力，可采用论述题或作文题。

（2）教学内容

不同的学习内容选择不同的与之相匹配的考试题型，以便提高考试的信度和效度。一般来说教学内容是一批互相联系的资料，可采用匹配题；教学内容是基本概念和定理，可采用填空题和简答题；教学内容是需要从多角度、多方位思考知识，可采用多项选择题等。

（3）教师编制题目的技术

主观性试题的编制技术较容易掌握，客观性试题的编制技术较难掌握，教师还应该根据自己的编题技术实际情况决定采用何种题型。

编制的测试数量应多于测验所需的数量，以便筛选质量合格的测试。拼配试卷时，应将各试题的比例再与命题计划表中的比例相对照，以便确定各类试题的科学比例。

五、确定测试成绩的解释标准

一般传统做法是以60分作为评价判断标准，60分以上为合格。在教育测量学中我们将这一过程称为设置标准。

在标准参照测试中，我们需在施测前设置一个切点分数，以此分数为参照对学生的测验分数作出解释。设置标准就是指建立切点分数的过程。

设置标准的方法有多种，这里列出三种：

1. 由了解测验内容的专家和有经验的教师来判断标准。

判断学生正确回答百分比是多少，才表明学生达到了最低能力水准。通常确定学生回答60%正确，就认为学生达到了最低能力水准。

2. 根据测题内容分析设置标准。

考虑到试题内容和难度都会影响标准的设置，所以此法采用两维表格，从试题的内容和难度两个维度对试题进行分类。一维是试题与教学标准的关联性，分三类：实质性的、重要的、一般的；另一维是试题的难度，分三类：难、中、易。因此根据内容设置对测验标准进行分析（见表4－4），具体分析方法：

（1）将试题逐一归类到方格中，计算出属于各方格的试题数量。

（2）判断每个方格中的试题，达标的学生至少应答对百分之几十才认为是合格。

（3）计算切点分数，即达标学生的最低分，计算公式如下：

$$X = \sum PM$$

X 为切点分数

P 为各方格中达标学生至少应答对的百分比

M 为各方格中试题的规定的得分总和

$\sum PM$ 为 P 与 M 的积的连加和

例如：假定表中的每题为1分，专家认定的合格题目数量与通过的百分比如下，则切点分数为

$$X = \sum PM = 0.9 \times 6 + 0.6 \times 10 + \cdots + 0.1 \times 3 = 34.8 （分）$$

（4）如果由多位专家判断切点分数，则要计算各位专家判断的切点分数的平均数，以平均数为达标的标准。

表4－4　根据内容设置测验标准的分析表

关联水平	难度水平		
	易	中	难
实质性的	90%（6题）	50%（14题）	10%（5题）
重要的	60%（10题）	30%（26题）	20%（14题）
一般的	40%（3题）	20%（19题）	10%（3题）

表注：（1）题数指统计出的一个测验属于各类试题的题目数；

　　　（2）百分比表示专家判断出的该题学生达标的最低百分比。

3. 根据学生的成绩设置标准。

将学生原有成绩分成较好的（前 27％）、中等的，不达标的（后 27％）三组，根据本次测试成绩分别统计较好组、不达标组这两组本次测验的分数，在同一直角坐标系中绘制两组的次数多边图，以图中两个次数分布多边形交点的横坐标为切点分数。如图 4－1，若交点的横坐标为 70，则 70 分为这次达标的分数线。

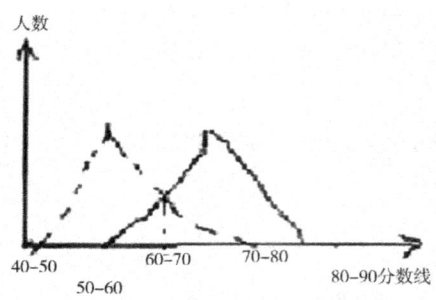

图 4－1　达标分数确定方法图

六、按测验时机划分的测验类型

课堂教学测验有四种类型的测验，它们分别用于不同的时机。

（一）起点行为测验

起点行为测验是针对为了学习本节课内容必须具备的原有基础知识设置的测验。

1. 作用

在新课前，通过这个测验，教师可以了解学生，学生可以了解自己在当前学习中还缺乏哪些基础知识，是在新课前查缺补漏。如果学生没有达到该课的起点，则应补充相应的教学内容，直到学生达到该课的教学起点水平，再进行教学。如果学生已超过该课的起点，则可以从较高的起点开始学习。

2. 确定测验范围

首先进行教学内容分析（任务分析），详细分析学习本课必须具备哪些知识、技能。

其次，设定教学起点，起点线以下的内容为起点行为测验的内容，以它为依据编题。运用命题计划表来确定各试题的比例。

3. 测验方式

起点行为测验方式灵活多样，可以是教师向学生提问，学生口头回答；可以是学生书面回答；也可以是学生通过自主学习提问；还可以是教师提出选择题，学生做出手势集体回答等等。

4. 注意的问题

首先，在编写起点行为检测时，教师必须确定哪些知识技能是基本的、重要的，哪些知识技能是非本质要素，有些知识虽令人感兴趣，也是教学内容之一，但并不具有认知的重要性，则不应包含在题中。

例如，在学习"因式分解法解一元二次方程"一节时，可编制以下试题作为起点行为检测：

（1）什么是因式分解？它有哪些方法？

（2）若有两个数 a，b，满足 ab＝0，那么 a，b 一定满足什么条件？

（3）若（x－1）（x－2）＝0，则类似于（2），方程（x－2）（x－2）＝0 可化成什么样的（两个）方程？

其次，要不要编制起点行为测验，取决于教学分析中有没有起点行为。如果没有明显的起点行为，那么就不需要编制此类测验。

例如：小学数学中的"等式和它的性质"一节就无明显的起点行为，因而无需编制起点行为检测题，只需精心设计学习情境，便可进入学习状态。

（二）前测

前测是用来测量学生在教学开始前是否对教学中准备教学的那部分知识、技能有所掌握，是在学习前针对本节课的教学目标设置的测验。

1. 测验内容

以新课的教学目标为依据编制试题，实质上先将课后的检查学习结果的测验提前在开始时预测一次，目的是了解学生是否掌握了新课的部分内容，对于学生已经掌握的知识则可以删除这部分教学内容，以提高教学效率，如果学生没掌握该部分内容，则按设计的教学程序进行教学。

2. 作用

了解学生掌握本课知识技能情况，以便教师调整教学；将前测成绩

与后测成绩相比较、检查教学效果；前测还可以起着"激疑"的作用，使学生产生疑问，提高学习动机水平。

3. 注意的问题

前测有意义的条件是当某些学生或全体学生对部分教学内容事先有所掌握，如学生预习后。一般来说，对总结复习课一定要进行前测。

但是，前测也不一定非进行不可，如果教学内容对学生是完全陌生的或学生在前测时胡乱作答，那就意味着没必要进行前测。

例如："因式分解"总结课，可从下面几个方面设计测验题目进行前测：什么是因式分解？多项式因式分解的一般方法有哪些？判断因式分解是否正确；用指定的方法进行因式分解等。

（三）插入测验

插入测验是在教学过程中随时进行的测验。这类测验主要是检测学生在教学发生之后其行为的变化，也就是学生在教学之后是否马上就知道如何做什么？插入测验主要用于技能教学，因为教师可以用一个新的题目（例子）去检查学生运用技能的情况。

例如：学习配方法解 $x^2 - 4x - 3 = 0$ 后，可设计这样的题目："用配方解一元二次方程 $x^2 - 6x + 1 = 0$"，通过这种测验，教师可以随时了解学生的学习情况，确定教学进度。

1. 作用

了解学生学习情况、学习速度、存在的问题，以便及时反馈，及时调整和改进教学，为后测前的教学活动提供信息，为确保是否提供教学调整的补救措施提供依据。

例：在学"单项式乘法"一节，讲完单项式乘法法则可出下列测验题进行插入测验，了解学生是否掌握了单项式乘法的基本方法，能否正确运用法则。

计算：

(1) $(4 \times 10^5)(5 \times 10^6)(3 \times 10^4)$；

(2) $4n^2 5n^3$；

(3) $\frac{1}{3}xy^2 \cdot 9x^2y$；

(4) $\frac{2}{3}x^2y^2 \cdot \left(-\frac{3}{4}\right)x^2y^2$；

（5）$(-5a^mb)(-2b^3)$；

（6）$(-3ab)(-c^2c)6ab^2$

了解学生是否会根据法则计算，如在计算中发现共性错误应及时纠正，明确法则使用条件和步骤，使教学朝既定目标前进。

2. 测验方式

插入测验可以以练习、板演、学生互助等多种形式完成。教科书中可能会提供一些题目，但教师在调整中力求作到题目精、全、真实反映学生情况。

（四）后测

后测是在本节课结束时，针对本节课的教学目标进行的测验。后测评估全部的教学目标，尤其是终点目标。

1. 作用

教师可以了解学生达到教学目标的程度；教师可以将后测成绩与以前成绩相比较检查自己的教学效果。

2. 测验内容

前测、后测可以是同一张试卷或近价试卷，其目标、内容、难度、题型与前测试卷相同。

如果前测中达标学生占 2％，后测中达标学生占 95％，则说明教师的教学效果非常明显。如果学生没有达到终点目标，老师应能确定在教材或教师的讲解中那些地方学生难以理解。

后测主要包括：课堂练习题，课后练习题，单元测验题。

例如，"绝对值"一节后的可以设计这样的后测题：

1. 若 $|a|=5$，则 $a=$＿＿＿＿＿

2. 若 $|-3|+|-2|=$＿＿＿＿＿

3. 若 $|a|+|b|=0$，则 $a=$＿＿＿＿＿，$b=$＿＿＿＿＿

4. 若 $|a|=-a$，则 $a=$＿＿＿＿＿；若 $|a|=a$，则 $a=$＿＿＿＿＿

5. 比较大小：$-3\frac{7}{8}$＿＿＿＿＿$-3\frac{6}{7}$

6. 如图所示：

计算 $|c-a|+|b+c|-|a+b|$

　　总之，前测、后测基本设计方法与起点行为测验相同，只是目的、内容和范围不同。前、后测以本节教学目标为依据编制题目或试卷，且可以是同一试卷或等价试卷。测验时要考虑时间够用，力争最短。

　　体验性目标的测验需另外一些方法，如心理测验法、观察法。测验题目往往是用自陈量表法编制（如爱好测验、人格因素测验等），测验由学生自己答，教师推断情感、态度、价值观。

　　教学标准参照测验设计为教师衡量教学目标是否实现提供了一个较为具体的测验技术，也为教学评价提供了大量具体的数据。

第五章
教学策略设计

　　教学策略设计同教学目标设计、教学标准参照测验设计一样是我们教学设计的重要组成部分，对教师从可操作的角度来说是必不了少的重点内容。影响课堂教学的因素很多，为了提高课堂教学的实效性，实现教学目标，应该采用哪些教与学的行动，即回答一个"如何教学的问题"是我们在本章研究的问题。

第一节　教学策略设计概述

　　教学策略是现代教学论研究的新课题，至今尚无统一的概念定义。国内外对它的定义大致有三类：其一，认为教学策略是一种教学思想，是教学观念和原则，通过教学方法、教学模式和教学手段来实现的；其二，认为教学策略是为实现教学目标而制定的教学实施的综合性方案；其三，认为教学策略是教学步骤、教学模式和教学方法。综上，教学策略是指教师为实现教学目标或教学意图而采用的一系列具体的问题解决行为方式。这种行为既有教师直接导向教学目标的行为，又有解决教学情境中问题的行为，还有管理方面的行为。

教学策略具有灵活性、指示性，而不具有规定性和刻板性的特点。特别是学习动机的激发，课堂的交流，教师期望的影响，都带有课堂教学的情境性，所以没有适合所有教学目标教学内容的教学策略，只有多样化的教学策略供教师的选择。

对于教学来说，没有任何教学策略能够适用所有的情况，有效的教学需要有可供选择的各种策略因素来达到不同的教学目标。教学的设计者只有掌握不同的策略，才能根据实际情况制定出良好的教学方案。我们知道教学目标的类型众多，范围广泛，而且在形式上和性质上又各不相同，依据教学目标和有效教学活动过程，教学策略可分为教学准备策略、教学实施策略、教学评价策略。策略本身又是一系列问题解决行为方式，故每部分又包含着一系列具体的策略。

一、教学准备策略设计

教学准备策略是指教师在课堂教学前所要处理的问题解决行为方式，也就是教师在制定教学方案时所要做的工作，要解决教学目标的确定与叙述、主要教学行为的选择、教学材料的处理与准备、教学组织形式的编制、教学方案的形成等问题。

（一）教学目标的确定与叙述（参见第二章）

（二）教学行为的选择

在课堂教学过程中学生自身内在因素相对难以控制，可控的是影响个体学习的外在因素，即学习时间和机会与教学的质量。因此，选择何种教学行为对学生影响最有效就显得十分重要，教学行为的选择主要取决于以下因素：

1. 教学目标

教学应有效落实教学的"知识与技能"、"过程与方法"、"情感态度与价值观"三个维度的目标。一堂好课，必须正确处理知识技能，注重方法能力的教学，同时要注意对情感和责任等方面的培养，不同的教学目标决定不同的教学行为，确保实现三维目标有机结合。

2. 教学内容

　　教学内容是否有效与知识的属性以及学生的状态有关。如讲授的内容是科学的，但全是学生已经习得的知识，或者是他们听不懂和无法接受的内容，这就叫"正确而无效的知识"。而非科学知识也不能笼统地认为是无效的知识，如寓言、神话故事等内容并非是科学的，但可以启迪人们思考，从另一个角度充实学生的知识，提高学生的认识。教师要根据不同的教学内容采用不同的教学行为。

　　3．学生的准备程度

　　在课堂教学中，教师对教学速度、密度、难度及时调控，直接影响到教学成效的高低。课堂教学的速度是否适当的标准是难以确定的，一般以学生的准备程度、接受水平为依据。教师在课堂教学中有意识地使学生各种感官受到刺激，对信息进行综合分析并形成概念，这样的课堂教学的思维密度则是比较高的。教师在课堂上讲解的内容过难，导致学生不理解是一种浪费，而过易则会降低教学要求，同时也会挫伤学生学习的积极主动性，这更是一种浪费。教师应针对学生的智力水平、学习动机、知识准备等方面充分做好课前准备。

　　4．教学时间

　　教师在每一堂课都应有明确的传递信息的目的和任务（即学生应当从教师输出的丰富的信息中学习、掌握知识和技能），要尽可能把课堂教学的主题转化成具体的详细目的，并且十分清楚重点放在哪里，要选好输出信息的突破口，能在几分钟内激发学生兴趣，产生强烈的求知欲，以此带动全部教学内容的输出，同时保证教学信息的完整有序。因此教学设计中要保证在学生最有效的学习时间内学习完新知识，做到短时高效。

　　5．教师自身的专业素养

　　教学行为是在教师自我监控下的一种选择的技术，也就是说，它是依据在教学实践中积累起来的有关教学的经验、知识而形成的整套操作技巧。高素质的教师肯定善于钻研教材，善于设计教学，能够选择合适的教法，灵活地运用讲解、提问、练习、复习、谈话和编制试卷等技术，能够运用现代化教育技术，运用教育评价手段。教师的教学技术与行为组合，便会产生一种富有创造性的教学方式和方法。教师应根据自身的优势和特点，选择合适的教学行为，设计自己个性化的教学。

（三）教学材料的准备与处理

1. 学习案例资料

主要学习书籍、报刊上有关案例，尽量收集案例，认真学习，包括教学设计、教学实录、教学经验、教学体会、说课讲稿等资料，其中有很多资料可供教学案例参考，有些有特点的资料可以作为教学案例写作的素材。

2. 收集案例素材

案例素材一是事例要典型，二是要生动，三是寓意要明确。

收集素材的途径，一是在教学实践中收集。实地收集案例，便于获取真实信息。这些案例，可以是自身经历的，也可以是别人经历的。比如，可以从自己课堂教学、教育学生、教学研究的过程中，从听课、评课的记录、观察和思考中，从教师、学生交谈的某些内容中，从教师教学、学生学习的成功与失败中收集素材。二是在教学音像中寻觅。可以从电视、磁带、光盘的课堂教学录像、教学经验介绍的观看、收听中收集素材。三是在教育书刊中查找。可以从备课教案、说课讲稿、教学实录、教学经验等材料的阅读中收集素材。

3. 提炼案例主题

提炼主题必须以案例为基础，不能脱离案例随意确定，要有新意，顺应时代发展，与时俱进，要有利于解决当前课堂教学中急需解决的难点、热点问题，要符合素质教育、创新教育的精神，要适合课程改革的需要。

（四）教学组织形式的编制

教学组织形式主要涉及的是教师、学生、活动内容、教学空间等因素组织在一起的类型和方式，主要的教学组织形式有集体教学、小组教学、个别教学等。（见本章第三节）

（五）教学方案的形成

1. 教案编写的步骤和内容

（1）教学内容分析：分析本课内容的知识点之间的关系，与以前学习过的知识和未来要学习的知识之间的联系。

（2）学生分析：分析学生的学习基础、学习特点，为教学内容的选取、教学方法的选择提供必要的准备。

（3）教学目标：即确定本学科教学目标在本课时中的基本要求，用可观察、可测量的行为动词表述。它可以随时提醒教师，在教学的任何环节不要忘记使学生获得教学目标相关的要求。

（4）教学要点：即确定本课时教学内容的重点、难点、关键及知识技能所在，并规划突出重点、解决难点的策略和方法。

（5）教学用具：即教学媒体和教具的选择。

（6）教学进程：这是教案的主体，它包括教学步骤、教学内容、教学技能、教学手段和时间分配等。

（7）板书设计：板书是课堂教学的重要群媒介，要做到科学、艺术、清楚、简洁明了，是对本节教学内容的浓缩，以帮助学生系统地掌握该课的知识结构，便于整体记忆。

（8）教学后记：每一节课的的实施后，对教学实施情况的回顾、反思、总结、检查，常在教学的教案中体现出来，可作为以后教学的查考与借鉴。

2．教案编写的格式

（1）常规教学教案形式

课时教学设计

课题（章节）			授课班级	授课日期
教学目标	知识与技能目标			
	过程与方法目标			
	情感目标			
教学重点				
教学难点			教学方法	
教学关键				
课型		教具		
教学内容分析				
学生分析				

教学程序	教学内容	教师活动	学生活动

板书设计	教学后记

（2）训练编写能力教案格式（微格教学教案）

教学目标				
时间分配	教师的教学行为	教学技能	学生的学习行为	视听教具

这里教师的教学行为包括按教学进程，写出讲授、提问、实验、举例等教师的行为。

学生的学习行为指教师能估计到的，学生在回忆、观察、回答问题时的预想。

教学技能包括导入、提问、讲解、演示、练习、板书等技能。

（3）卡片教案格式

将主要的教学内容写在卡片上，灵活方便，利于更新、保存，多见于有丰富经验的教师。

（4）电子教案

电子教案就是全部输入在电脑中的，通常也都是教师自己上课所备的内容。这里讲的教案与传统上的有很大的不同，这主要的区别就是这个教案不仅是教师自己上课要看，更主要是很多内容要投影到屏幕上，让学生也能看。这样这个教案中就包括了教师上课的全部板书、板画与一些用语言所难以表达的动感情景。用这种形式的教案上课可以完全不用黑板。用电子教案上课，可以增大课堂容量，让学生在美妙的声、光、电环境中学习知识，增强学习效果。

电子教案有两种类型：PPT 教案和 WORD 教案，PPT 教案侧重于课堂使用，WORD 教案侧重于检查工作使用。

教师在撰写教学案例之初，没有经验，可能写得不好，不足为奇。因此，写作要求不能太高。只要坚持不懈地写下去，必定会越写越好；教师对教学规律的认识，必定会越来越真切；教师对教学理论的理解，必定会越来越深刻；教师的业务素质，必定会有较大的提高。教师在教学案例写作和积累的过程中，完全可能成长为理论与实践紧密结合的研究型教师。

二、教学实施策略设计

教学实施策略是指教师在实施教学方案时，发生在课堂内外的一系列行为。教学实施策略的设计主要是教学行为的选择，教学行为按功能可以分为课堂教学行为与课堂管理行为。

（一）课堂教学行为

选择何种类型教学行为是由行为所指向的目标或内容及教师的素养决定的。

1．主要教学行为

主要教学行为是指直接指向目标和内容以及可以做好准备的行为。

（1）类别

A．呈示行为（如语言、文字、声像、动作呈示等）；

B．对答行为（如回答、讨论等）；

C．指导行为（如阅读指导、练习指导、活动指导等）。

（2）决定因素

选择何种教学行为的决定性因素除了教学目标与内容外，还有教师培养与训练的质量、教学专业知识与技能、教师事先准备程度。

2．辅助教学行为

辅助教学行为是直接指向具体的学生和教学情境，许多时候都是难以预料的偶发事件，因而事先很难或根本不可能做好准备的行为。

（1）类别

辅助教学行为的类别包括动机的培养与激发、有效的课堂交流、课堂强化技术、积极的教师期望。

（2）决定因素

辅助教学行为的选择由教师的课堂教学经验、教师的人格素养、教师的教学机智等因素决定。

（二）课堂管理行为

课堂管理行为即教师为教学顺利进行创造的条件和确定教学时间的效益。

1．影响课堂管理的因素

（1）学校管理水平。班级是学校的一个组成部分，学校管理水平，管理质量直接决定着课堂管理。有什么样的学校管理就有什么样的课堂。

（2）教师管理能力。教师是课堂管理的核心，教师的专业水平、个人素质、工作能力、教学态度、组织管理经验都直接决定着课堂管理水平。

（3）学生学习行为。学生既是课堂管理的对象，又是课堂管理的主体。学生的学习目的明确，态度端正，基础知识扎实，学习能力强，行为习惯规范，主体自律管理强，课堂管理自然就规范。反之，则会产生课堂管理混乱。

教师的课堂经验、教师的专业技术、教师的人格素养对课堂管理起着决定性作用。教师与学生置身于一定的课堂之中进行活动，首先要保证课堂的表层实体（如学生的座位安排，教室的空间利用等），即课堂物理环境的舒适与合理；其次要加强课堂纪律的管理；再次要营造良好的课堂气氛。

2．课堂管理行为分类

（1）课堂规则

（2）课堂问题行为管理

（3）课堂管理模式

（4）课堂时间管理

3．决定性因素

（1）教师的教学经验

（2）教师的专业技术

（3）教师的人格素质

三、教学评价策略设计

教学评价策略是指对课堂教学活动过程与结果做的一系列价值判断行为。主要包括：学生学习成就的评价和教师教学活动的评价。

（一）学生学习成就的评价

学生的学习成就指的是学生学习的结果，通过测量和评价衡量出来的学生个体所取得的学习结果就是他们所取得的成就。它强调这种结果是在学校教育的情境中获得的，是学生学习学校教育所提供的课程所取得的成就。因此，基于课程标准的学生学业成就评价，就是一个有目的收集关于学生在达成课程标准的要求的过程中所知和能做的证据的过程。在评价的过程中，有三个问题非常重要：

第一，学生应当达到的学习水平是什么？教师不仅要能够根据课程标准回答一个学段的学科学习任务完成之后，学生应该达到的水平，还需要对课程标准的要求进行细化，将目标分解为一个单元、一节课的教学要求，进而对一个单元、一节课的学习目标制定出相应的评价目标来。

第二，学生目前达到了什么样的水平。也就是要通过评价，明确学生相对于课程标准的要求所处的位置，明确学生在达成课程标准规定的学习目标中的状态。

第三，两者之间的差距是什么？即学生当前的学习水平和学习状况与课程标准的要求之间存在的差距是什么，有多大。

从上述三个关注点可以看出，基于课程标准的学生学业成就评价具有以下几个特征：首先，评价是建立在标准的基础之上的；其次，评价的设计要先于教学的设计，要在标准和评价之间确定教学的重点，设计教学的流程；第三，评价的目的是为了促进学生的学，是为了发现学习中存在的问题，为调整教师的教和改善学生的学提供依据。因此，学生学业成就评价必须要把握好确定测试内容、确定认知要求、开发评分规则、编制测验设计框架、编制评价试卷五个关键点，确保评价科学、严谨，促进学生长远发展。[①]

（二）教师教学活动评价

评价一堂课或一门课的教学质量，要考量执教本节或本门课教师的相关情况。对教师的评价主要从以下几个方面来看：

1. 教师的教学理念

---

① 崔允漷，王少飞，夏雪梅著：《基于标准的学生学业成就评价》，华东师范大学出版社 2008 年版。

教学的过程不仅仅是一个传递知识的简单过程，而是教师将自己的教学理念贯穿在教学活动中的过程。在教学中，要将自己对生命价值的感悟、对人成长规律的理解、对教育教学规律的把握都融入到整个教学的过程中，以促进学生的发展做为教育教学的出发点和归宿。所以，课堂教学评价要通过教师的教学行为，分析教师的教学理念。

2．教学准备

充分的教学准备是教学成功的基础。教学设计是否恰当合理，是检查教学准备是否充分的重要指标。教学准备除了要了解教学内容的学术背景、学生已有的知识结构之外，教师还要了解学生的认知水平和情感水平。因此，了解教学的对象是十分必要的。学生的实际情况是进行合理的教学设计、组织教学活动的依据。

3．教学行为

教学行为是课堂教学评价的重要内容。对教师教学行为的评价主要看下面这几个指标。第一是教师的教学语言。教学语言分口头语言和体态语言两种。教学活动的开展、教学的组织和调控、学生学习情况的反馈等每一个环节都离不开教师的语言指引。而教学不仅仅是依靠语言将信息传递给学生，说话的语速、语调、重音以及表情等，都会影响表达的效果。合适的教学语言对调节课堂气氛、优化教学活动很有意义。第二，在教学内容组织方面：一是教学内容质与量的选择，二是教学环节时间安排是否得当。合适的教学内容选择会给良好教学效果的出现打下基础。第三，是教学策略的实施。教学策略的实施应与每一节课的教学目标、教学内容的实际有机地整合，体现出不同的特色。第四，教学媒体的使用。教学媒体要与教学内容整合并进行优化组合。多媒体课件、挂图和教学模型等教学手段的使用都是为教学服务，应与每一节课的教学目标、教学内容的实际有机地整合。第五，教学机智的使用。课堂教学中师生交往时常会出现意想不到的情境。如何正确应对，抓住有利时机处理突发事件，因势利导进行教育，并收到良好的教育效果，要看教师如何运用教学机智。第六，学法指导。教师已不再是学生获取信息的唯一渠道，所以教师要善于从灌输者的角色过渡到辅助者的角色，从而帮助学生去发现、组织和管理知识，引导他们而非塑造他们。在课堂上，教师要通过对质疑、阅读、合作探究、讨论、练习等活动的引导和协助,帮助学生来自主建构知识,锻炼能力。

4．教学特色

每个教师因其自身的性格底色、知识结构、教育经验、学习生活经历以及对教育的理解等方面的不同在教育教学中会使自己的教学充满个人色彩,形成自己的教学特色。而独特的教学风格对学生个性的成长大有益处。常见的教学风格有:"启发型、善导型、民主型、表演型、情感型、训练型"①。另外,每个教师将特有的才艺、绝活、妙招运用在教学中,会大大提高教学的艺术性,增强课堂教学的吸引力。每位教师在从教的职业生涯中都在不断探索在教学中如何处理各种教育问题,形成自己的教学特色。

第二节　课堂教学行为

教学行为不是简单的教学形式、手段、方法和技能的构成体,而是一个包括教和学两个动因在内的结构复杂的、内容丰富的目的性行为,是由行为主体(教师和学生)以及与行为主体相联系的起着直接与间接作用的因素所构成的、在动静交替转换过程中反映出来的一种行为。在其构成上包括两个层次:其一,就是直接显示结果的行为,如教学语言、教学组织、板演示范、实验操作、表情姿势等。从现象上看,这种行为有很大成分的无意性(多是有意后行为)和不自主性。这种显性行为可以在教学评价中直接认知和把握。其二,是情感、意志、道德、价值观、潜在能力和个性等多种因素综合而成的一种态势,在行为上表现出较强的意识性、稳定性和自主性。这种内在的行为在教学实践活动中显得扎实而专一。在教学中,只有当内在行为全部投入时才能产生教学效益。因为它具有内在的、强迫的力量,迫使教学行为朝着既定的方向发展,并不断对行为进行调整和修正。如果忽略了内在行为在教学实践中的作用,教学效益是不会得到提高的。

---

① 张玉田等编著:《学校教育评价》,中央民族学院出版社1997年版。

一、导入设计

常言道"良好的开端是成功的一半",教学过程始于导入环节,它就像一台好戏的序幕,如果安排和设计合理,就会起到先声夺人、胜利在望的功效。万事开头难,可只要努力钻研,方法总会找到的。

导入是教学技能之一,是教师在进入新课题时所运用的建立问题情境、引起学生注意、激发学生兴趣、明确学习目标、形成学习动机和建立知识问题联系的一类教学行为。

(一)导入的原则

1. 短。教师导入时语言要做到简洁、明白、易懂,以激发学生的学习兴趣和求知欲望。

2. 新。导语要有新意,形式新颖,能激起学生的强烈求知欲,不能千篇一律。

3. 精。精心设计的开讲导语,做到内容精炼、讲解精彩、抓住关键、画龙点睛。

4. 平。教师引入时的知识坡度不宜过大,由旧知识引入新知识的知识点要讲准,在同一水平面上,学生容易由旧知向新知迁移。

5. 快。新课引入一般在1~3分钟为宜,要把重点放在释疑解疑上。

6. 奇。在简单的导语中要给学生留下一点奇妙。奇怪的悬念能够吸引学生,提高他们的注意力,弄懂奇怪的原因。

7. 巧。简练的导语必须设计巧妙,从而达到直接导入新课的目的。

8. 准。简短的导语新旧衔接的知识点要找准,语言要准,不能漫无边际,这样才能达到事半功倍的目的。

(二)导入的类型

1. 引趣式导入

兴趣是最好的老师,兴趣的来源是多方面的。除知识本身的魅力、教学艺术的感染外,符合学生的心理活动也是激发兴趣的关键。好的引趣导入,能巧设疑难,唤起欲望,把抽象的东西具体化、形象化,使学生看得见,摸得着,这样可以激发学习的兴趣,改变学生由被动地学为主动地学。其形式可以是针对特点、形式新颖的儿歌、谜语，寓教于事、娓娓动听的故事等，灵活多变，启发思维。

例1. 儿歌、谜语引入，针对特点，形式新颖

一位数学老师在教学《无限循环小数》一课时，带着学生说起了儿歌："从前有座山，山里有座庙，庙里有个老和尚，老和尚给小和尚讲故事：从前有座山，山里有座庙……"，师：老师要不叫停，会怎样？

生：无休止地说下去，无限，……（师书写"无限"）

师：为什么？

生：故事始终循环（生笑）。（师书写"循环"）

儿歌中揭示了教学内容的重点，帮助学生理解了教学中的关键词语，学生学习轻松，理解透彻，印象深刻，为新课的学习做了很好的铺垫。

例2. 故事引入，寓教于乐，娓娓动听

一位老师在小学数学《小数的基本性质》一课的导入中是这样设计的：整数房间里来了一位小数点阿姨，她做了许多好事，比如，上次测楼长，比34多一点比35少一点，小数点阿姨主动帮忙，用34.17准确地表示出来，大家可高兴了。灵灵见小数点阿姨总是搬来搬去，就问："阿姨，你怎么老是搬来搬去？"小数点阿姨说："搬家是为了解决难题。"小数点阿姨帮我们解决了哪些难题，今天我们学习了小数的基本性质就知道了。

以孩子们感兴趣的故事引入新课，学生学习兴趣浓厚，听得思想集中，既增添了课堂教学趣味性，又能启发学生思维，效果明显。

2. 诱导式导入

学贵刻苦，教贵诱导。教育的艺术，就是懂得如何去引导，使学生产生一种孜孜以求、锲而不舍的学习愿望，最大限度调动学生思维的积极性，正所谓"不好的教师传授真理，好的教师教人去发现真理。"

运用诱导式导入要做到"三要三不要"：要引起思考，有一定难度，

跳跳就可以摘到桃子，要问的问题有助于理解新内容，要从实际出发，从效果出发；不要"不启而发"，不要"启而不发"，不要问题太多太碎。

思维总是从问题开始，如果讲课时，教师能巧妙安排，顺势导入，把学生引入问题情境，让他们从各自角度加以分析思考，适应小学生的心理，激发学生学习兴趣，就能收到很好效果。教师在教学中可以采用巧妙安排、顺势导入，铺设台阶、拾级而上，联系实际、引起兴趣等形式。

例 3．一位老师在《圆的周长》导课时，要求学生预先准备一些不同大小的圆片，上课时，用圆片在直尺上滚动实验，测周长，记数据，然后让同学出说直径的近似数，老师就能说出周长。学生议论："为什么我们说出直径老师就能说出周长？周长与直径之间什么关系？"激发学生的求知欲、好奇心，学生迫切地投入到新知的学习活动中。

例 4．景物描写对人物的烘托作用，学生往往因知识面窄不易具体理解。开讲时，教师是这样诱导的。

师：（在黑板上用红粉笔画了一朵花）这花美不美？

生：不太美。

师：（用绿粉笔添了几片叶子）

生：美多了。

师：为什么？（生答）

师：课文中美丽的景物描写对表现人物的形象用什么好处？

生：更美了，更突出。

师：这是什么作用？

生：烘托作用。

教师创设美的情景，诱导学生明白与问题类似的某种道理，再提出问题，使之恍然大悟，这种类比的方法激发学生学习的灵感，水到渠成。

3．提问式导入

导入新课贵在质疑问难，富有启发性的提问，能激起学生的学习热情，打开学习思路。导入时提出的问题应考虑以下几方面：从教学内容讲，问的是关键问题，具有全面性；从教学方法上讲，问的要有启发性，鼓励帮助学生思考；从心理学上讲，问的要有兴趣，有趣味，学生能积极思考，积极回答；从问题的关系上讲，问得要有逻辑性，有助于逻辑思维发展。

例5. 一位老师在讲《死海不死》一课时，设计了如下几个导入问题，"死海在什么地方？""这个海为什么叫死海？既然是死海，可为什么又说不死呢？""'不死'是什么意思？仔细阅读看作者是怎么说明死海的？"

该导入成功的关键在于抓住了课文的关键词语，提出了发人深思的问题，打开了学生思路。

4. 概括式导入

导入新课时以凝练的一句话，勾勒出所学内容的经纬，点名它的重难点，使学生很快进入教学情境。

例6. 一位老师在教学《第一场雪》时，是这样导入的：题目是一篇文章的"眼睛"，而眼睛中最重要的是瞳孔，有些标题具有统揽全局、画龙点睛的作用，请同学们分析一下"第一场雪"这个题目最重要的是哪个词？

从分析文章重点词语入手，学生学起来感到很有味道，学习本课的同时，潜移默化中使学生对命题作文的题目分析更加慎重，思考更加仔细了。

5. 情境式导入

情境式导入法需要教师利用幻灯、实验、图画、故事、游戏、语言等各种教学手段，创造出趣味横溢的情境，在情境中巧设机关，引起悬念，制造冲突，激疑引思，诱发思维，启迪智慧，使学生的心理处于兴奋状态。

例7. 一位教师在讲圆的面积时，为了引发学生的求知欲，他创设

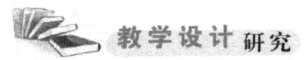

了一个良好的教学气氛，引入新课。

场景：电脑出示画面（草地、羊等，图略）

师：一块草地每平方米平均长 3 公斤青草，草地中央有一木桩，一只羊系在木桩上，系羊的绳长 1.5 米，这只羊最多能吃到多少公斤青草？

该设计比较富有趣味性、思考性，这比单独出示一道"圆的半径 1.5 米，求这个圆的面积是多少？"的问题要生动、有趣。寓问题于现实情境中容易激发学生的思维，对理解圆的意义大有帮助。

例 8. 一位老师在教《沁园春·雪》，上课伊始，大屏幕出示北国冰封、万里雪飘的景色，伴随着音乐，师朗诵课文，师生渐入佳境……

该设计以景召人，以情感人，把人带入白雪皑皑的北国美景中，使人心潮澎湃，如身临其境，陶醉在北国风光，千里冰封，万里雪飘中，此情此景，感慨万千。

6. 悬念式导入

课堂上经常以悬念作为挑逗学生好奇心的触发点，不但会吸引住学生的注意力，而且也会使学生产生探索问题"奥妙"所在的神秘感，从而激发学生强烈的求知欲和学习的浓厚兴趣，这样导入新课，避免了平铺直叙之弊，又可收到寓教于趣之效。

例 9. 教师在教学《三角形特性》这节课之前，先带学生去看看人字形屋梁的形状，然后问："你们知道这屋梁为什么是人字形的吗？"这时学生情绪高涨，产生疑问，引起认知冲突。接着让学生交流、猜测原因。随即指出，等你们学习了今天的课之后就知道是什么原因了。

例 10. 小学自然课《磁铁的性质》，上课前老师搬来一盆米走进课堂，然后指着这盆米说："有个小朋友不小心把一盒大头针倒在米里了，你们谁能想出好办法，把米里的大头针选出来？"同学们七嘴八舌想办法，都跃跃欲试，来帮助老师，随即老师巧妙引出课题。

这两个设计从学生不太注意的日常生活入手，抓住了学生的认知冲突，激发了学生强烈的求知欲望和学习兴趣，为学习新知奠定了良好的基础。学生记忆深刻，学习效果也很好。

此外，还有描述式导入、练习式导入、激励式导入、实验式导入、观察式导入等，每种方法各有千秋，每位教者要根据教学内容和学生的特点，仔细揣摩，灵活掌握，适当选取，其目的就是千方百计地诱发学生的求知欲望，激发学生的学习动机，从而提高教学效果。

二、提问设计

提问技能是教师从教学目标出发，结合教学内容和学生特点提出问题，并要求学生回答的一种教学活动方式。教师常用问题来启迪学生的求知欲，引起他们的积极思考。思维的活动常来源于问题，有了问题，思维活动（思考）才有明确的目的和方向，提问技能的核心是教师的问。有经验的教师几乎每节课中都能精心设计水平不同、形式多样的问题，选择恰当的时机，引起学生回忆、联想、分析、对比、综合和归纳，从而丰富学生的知识，形成新概念，获得分析问题的方法。教师及时做出使回答深入的追问、释疑、说明，可以帮助学生深刻地掌握教学内容，并灵活地运用所学知识解决新问题。

提问是课堂教学的一个十分重要的技能，这个技能渗透了教师对教材的深入理解和对学生的了解，体现了教师引导和调动学生的能力。提问技能用得好不好对课堂的影响极大。它可以起到引起注意，激发兴趣，促进学生主动参与教学活动，促进师生间、生生间的交流，培养和发展能力，及时反馈信息的作用。

（一）提问的类型

1. 提问的主要类型

（1）识记性问题

识记性问题是指学生只要能对已有知识、经验进行识别和记忆就能回答的提问。主要有两类：

A. 几择一的问题

对教师提出问题进行二择一或几择一的回答。例如学生学习真分

数、假分数后，问"假分数是分子大于分母的分数对吗？"又如"长为6、宽为2的长方形与长为4、宽为3的长方形哪个面积大？"都属于这类提问。

B. 要求用单词、词组、系列句子回答的提问

这类提问学生通过回忆已学过的知识，通过简单的观察、体验或凭生活经验就能回答。例如教师边贴长方形、正方形、三角形，边问他们是什么图形？学生通过回忆就能回答；之后教师又贴一个角，问认识它吗？学生凭生活经验就能回答出来。

（2）理解性提问

理解性提问是指学生只要根据已有的知识经验进行转换解释或简单地推断就能回答的提问。理解性提问可分为：

A. 初步理解性提问。学生能用自己的话对事件进行描述。例如："什么是面积？"

B. 深入理解性提问。学生能用自己的话讲述事物的特征要点，抓住问题实质。例如："举例说明你见过的物体谁的表面积大，谁的表面积小？"

C. 对比理解性提问。学生能对事物进行对比，明确其区别、联系，达到深入理解。例如："最简分数是否一定是真分数？最简分数同真分数、假分数有什么联系和区别？"

（3）掌握性提问

掌握性提问是指需要学生综合运用所学知识进行分析：综合和较复杂的推断才能回答的提问，按对知识的掌握程度可分为：

A. 初步掌握性提问。这类提问是建立一个简单的问题情境，让学生利用新知识和回忆过去所学的知识来解决问题。例如："下列图形哪些是梯形？哪些不是？为什么？"

B. 熟练掌握性提问。这类问题的情境较复杂，条件、结论之间的联系是间接的，学生必须选用所学的知识对已有材料进行分析、推理和评价才能得出结论。例如："在没有圆心的圆里可以用对折法找到圆心。但有些东西不能折，比如硬币，你能找到它的圆心吗？""说出你周围哪些东西上有圆？为什么做成圆形？"

（4）创新性提问

创新性提问是指需学生创造性地运用所学的知识才能回答的提问，这类提问的问题情境复杂，对学生来说是陌生的，学生需运用以往的知识展开想象的翅膀，进行创造思维，才能得出结论。

例如，小学一年级认识图形后拼图，老师又提出"按图形的顺序讲一个小故事"。又如学习"面积和面积单位"时，学习了"平方厘米"后，老师请大家再试着说出一些面积单位来。

（二）提问的功能

1. 学习新知

一般来讲教学过程都是以学习新知识为主来组织教学，在教学的每一阶段运用好提问技能都能有效促进新的学习。

首先，引入阶段、建立新旧知识的联系。教师抓住新旧知识的生长点提出问题，引起联想、回忆、思考、计算、操作等学习活动，解决并回答教师提出的问题，从而达到复习旧知，为新知铺垫的作用。例如，学习"比的意义"引入阶段，教师首先给出一个长 3 分米、宽 2 分米的长方形，然后问同学们，根据长、宽，你们能写出哪些算式？针对学生的回答教师指出："已知两数，我们对它们可以实施加、减、乘、除各种运算，两个数相除，我们又可以把它们叫做这两个数的比。"复习旧知识的同时，自然导入新知。

其次，新授阶段，展现获取知识的过程。教师可在新知识的教学关键处提出问题，向学生展现知识的形成、发展过程，让学生在解决问题、回答问题的过程中认识、理解和掌握知识。例如"平均数"问题，教师设计了下面问题：

1. 思考探索法：四个大小形状完全一样的玻璃杯装入不同量的水，问怎样把杯中的水变得一样高？

2. 操作计算：老师给出四杯水的高度分别是 6 厘米、3 厘米、2 厘米、5 厘米，用学具操作。

3. 概括总结：同学们说说是怎样做的？能否用一句话说出做法特点？（以多补少）还有没有不同做法？算法有什么特点？（先合后分）比较一下前后两排杯子的水有什么区别和联系？

4. 看书。（自学）

5. 点题概括：像上面的问题就是平均数，大家总结一下，什么是

平均数？怎么求平均数？

以上教学中，教师提出了七个问题，引导学生分组讨论、思考探索、动手操作、抽象概括，步步深入提高，形成了"假设—实践—结论"这样一个较好的教学过程，学生理解了什么是平均数，并自己总结出了求平均数的方法。

再次，巩固阶段，促进对知识的理解与掌握。教师就新知的重点和学生理解新知的难点处提出问题引导学生开展活动，解决问题。例如，学习"比的意义"后，提出问题："根据'汽车两小时行驶 100 千米'这句话，能写出几个比？比值各是多少？这些比有什么区别？"学生运用新知，通过分析、比较、计算等活动回答问题后，加深了对比的意义的理解。

最后，小结阶段，形成完整的知识结构。小结中教师可在新旧知识的连接处和局部混淆处提出问题，让学生在解决问题中明确新旧知识的联系和区别，将新知识纳入原有知识结构。例如，在"比的意义"的教学中，设计问题："比同除法、分数又什么联系？比的前、后两项能否为 0？为什么？"使学生在分析、比较过程中形成结构完整的知识体系。

2. 促进智力发展

（1）培养学生的观察能力

观察是一种有目的的活动，要求观察者明确每次观察的目的任务，可以避免观察的盲目性和无效性。向学生提出问题，让学生明确观察的目的和任务，是培养学生观察能力的有效途径。

例："日历中的方程"一课："观察某月的日历 3×3 的方阵中的数有什么特点？"学生明确了要求，学习中少走弯路。

（2）发展学生的思维能力

思维能力就是人们在感性认识的基础上，运用比较、分析、综合、归纳、演绎等基本方法去形成概念并进行推理和判断。合理的课堂提问有利于启发学生积极思考，分散知识难点，沟通师生情感，调节课堂气氛。

例："小数点位置移动引起小数大小的变化"的教学，设计这样一道例题：把 0.004 米的小数点向右移动 1 位，2 位，3 位……，看小数点位置与小数大小的变化。为了便于学生思考理解，教师首先从四个长度换算的等式："0.004 米＝4 毫米，0.04 米＝40 毫米，0.4 米＝400 毫米，4 米＝4000 毫米"入手，设计如下问题：

● 把第二个等式和第一个等式比较，你看出什么？

● 还可以从四个等式中得到这个结论？（培养分析比较能力）

● 经过上面几次比较，你得出什么结论？（培养学生归纳推理能力）

● 仿照此法，小数点向右移动 2 位、3 位，小数扩大多少倍？（培养概括能力）

● 怎样观察才能得出小数点向左移动时小数大小的变化规律？（培养逆向思维）

● 小数点向左移动，小数大小变化规律是什么？（培养类比推理能力）

● 能否用一句话概括上面结论？（培养概括能力）

● 怎样把 2.3 扩大 1000 倍？10000 倍？（用一般规律解决特殊问题，培养学生演绎推理能力）

（3）培养学生想象能力

教学都要经历从具体到抽象，再由抽象到具体的过程，在由抽象到具体的过程中，运用好提问技能就可以培养学生的想象能力。例如小学低年级学习数字"5"以后，请同学们说一说哪些物体里有"5"？看谁说的多？又如学习了《图形的认识》一课后，请同学们"用长方形、正方形、三角形、圆拼成自己喜欢的图形，并配一句解说词或给拼图起个名字。"这样的内容设计都能充分发挥学生的想象力，使之得到不断的培养。

（4）培养学生创造能力

对于中小学生而言，其创造力思维应立足于"有个人价值"来衡量，应从其思维成果来分析思维过程是否具有创造性，从而确定创造能力是否得到了培养。教师运用好提问技能，可以激发学生进行一系列连续的高水平的复杂的心理活动，使学生创造性思维在高水平层次上进

行，从而产生独特的对个人发展有意义的创造性成果。例如在应用题教学之中可以针对应用题："甲乙两城相距 120 千米，一人乘车用两小时走完全程，骑摩托车用 3 小时走完全程，此人骑摩托比乘车每小时少走多少千米?"设计这样问题：能用几种方法回答?（培养学生发散思维）看谁的方法多? 谁的方法新?（鼓励学生创新）

3. 发展非智力因素

任何知识的学习过程都包含一系列复杂的心理活动，其中有一类是关于学习积极性的，如注意力、情感、情绪、意志等；另一类是有关认识活动本身的，如感觉、知觉、记忆、想象、思维等。前者主要指非智力因素，而后者则是智力因素。提问技能如果运用得好，能发展学生的非智力因素，激发学生的学习兴趣，集中学生的学习注意力，培养学生学习的情感体验，培养学生的意志力等。

4. 有助于反馈调控

教师为了实现既定的教学目标，就必须要经常不断地依靠反馈信息来调整自己的教学，课堂提问是教师获得反馈信息，及时调整教学方案的重要途径。通过提问教师可以根据学生的回答深浅，学生对知识理解掌握的程度，了解学生的思维水平，以获得教学改进的信息，更好地提高教学效果，学生可以根据教师的提问检查评价自己的学习情况，哪些掌握得较好，哪些还需进一步努力，并进而改进学习方法，提高学习效率。

例：教师出示卡片"河塘里有 10 只鸭，岸上有 15 只鸭"，要求学生根据条件编应用题，看谁提的问题又好又多。开始时同学提的问题既重复又无规律，杂乱无章，老师启发："这些鸭子分布在几个地方，能不能有顺序地、两个两个条件提问题?"后来，老师又发现没有学生提倍数关系的问题，就再提出问题："能否编一道用乘除法计算的简单的应用题?""能否编出两步计算的应用题? 混合运算的应用题?"教师这样灵活运用提问，根据学生的回答获得反馈信息，调控教学程序，使学生思维开阔，并领会了编应用题的思考方法。

（三）提问的要求

为了使提问达到预期目的，老师必须注意提问过程中的要求，正确处理好下面的关系：

1. 清晰与连贯

教师提出的问题及必要的说明，要表述清晰，措词恰当　意义连贯。问题的措词要适合学生的理解水平，表述要简练，措词的字面意义应与要表述的意义完全一致，句子不宜过长。切忌背景的陈述或问题的指向含糊不清或故弄玄虚。教师可以根据需要提示运用什么知识去解决问题，引导学生承上启下地把新旧知识联系起来，找出解答问题的依据。尤其对于高级的提问更应准确推敲，不仅要考虑问题与教学内容的关系，更应考虑学生是否能接受、理解。教师还可以先提醒学生有关答案的组织结构，包括提示依据什么样的顺序回答（时间、空间或过程等），以及回答的详略或表述形式等。

2. 停顿与语速

学生对教师提出的问题需要有接受、思考和准备表达的时间，因此提问必须有停顿。首先，掌握停顿的时机。教师提出问题后，应该安排适当的停顿，使学生做好接受问题和回答的准备，通常以多数学生抓紧时间能够初步完成思考过程为度。例：师"让我们先考虑这样一个问题"等说法后，停顿 3 秒左右以提醒学生注意。提出问题后教师再有一定的停顿，以便让学生思考，并提前说明问题思考时间的长短，（如尽快回答）经过一段时间这一说明可减少。其次，注意安排停顿过程中的教学活动。教师可以环顾全班观察学生对提问的反应。这些反应一般是非语言的身体动作或情绪反应。例如：积极举手，说明思考成熟、想积极回答等。停顿时间长短同时也为学生提供一定的信息，停顿时间长，问题复杂，停顿时间短，说明需要迅速回答。

教师提问的语速由提问的类型所决定。简单、低级的问题语速较快，高级问题一般除应有较长时间停顿外，还应仔细缓慢地叙述以便学生对问题有清晰的印象。重点内容或关键字词应通过改变语速、语音或重复等方式加以强调。

3. 指导与分配

教师的提问应该面向全体学生，使学生感到研究问题、寻求答案人人有责，每个人都有被指定回答的机会。根据对问题的理解程度和回答的积极性，课堂中有四种学生（见下表），教师应采用不同的方式对他们加以指导。

理解态度	积极回答	被动回答
理解力强	使其活跃课堂气氛，起带头作用。	多鼓励，培养对答积极性。
理解力弱	引导从另一角度思考，不要挫伤其积极性。	给一些简单问题，培养积极思考回答问题的兴趣。

教师对不同类型的学生采用不同的指导方法，切忌事先指定谁回答问题，然后再提出问题。对不愿意参加交流的学生，可在提问时将注意力适当地对准他们，即有所指向地望着某个或某些学生，但并不一定让他或他们回答问题，主要是促使其对问题进行思考。同时，不要随便接受喊出来的回答，假如教师经常从若干个学生喊出的答案中寻找正确答案，等于鼓励他们的喊叫，使提问无法控制，并制约了多数学生的参与。教师提出问题后，必须细心观察学生的反应：哪些学生积极投入并且解决问题的进展较顺利；哪些学生对问题困惑不解，无法回答；哪些学生对问题的研讨不感兴趣，没有动脑筋，只准备听取结论等。然后，分配不同类型、不同水平的问题让他们回答，使更多的人善于和乐于思考、解答问题。此外，要给坐在教室不同位置的学生以大致相等的回答问题的机会，特别要注意提问坐在后排或两边的学生，这些区域常常容易被教师忽视。

4. 提示与探询

教师提出问题后，学生的思考、回答大致有两种困难情况：回答不准确、不完整；思维受阻，无法作答。前一种情况，教师往往要针对学生的回答，通过直接表述或者提出问题给予提示，帮助学生发现回答中的不足及其产生的原因，从而改进回答。后一种情况往往是问题跨度较大，学生在最初提问中未能建立起已有知识或方法与问题间的联系，教师往往要以有序的系列化的问题，设置认识阶梯。通过一系列子问题帮助学生发现困难所在，最终实现整个问题的解决。教师的这些教学行为都是提问技能中的探查指引，探查指引的具体行为主要包括：

澄清——要求学生对初次的回答进行准确的概括，或者使答案意义更简明。

支持——要求学生对初步回答的观点提供证据。

准确——要求学生注意初次回答中的错误，重新判断和组织一个答案。通常在教师指出回答的合理部分和错误并提供某些暗示后，要求学生再次回答。

表态——在集体讨论中或针对已有的回答，给学生个人提供机会来表达他是否同意已发表的观点。

关联——要求学生再次确定他的回答与问题之间的关系。

举例——要求学生对他的含糊不清的表达或概括，举出具体例子来说明他的观点。

辅助提问——从较低认知水平的问题入手，逐步加深。通过问题系列以探查出学生在哪些层次的问题上思维受阻，针对问题加以指引和解决。

提示关键——不同认知水平的问题有着不同的思考方法。应该针对该水平问题的思考方法和解决问题的关键进行探查，并加以引导（详见本章提问的类型的有关内容）。

5. 反馈与评价

教师对学生回答的反应和评价，将对学生进一步参与起到重要的作用。当学生对问题作出回答后，教师要处理学生的回答。对学生的回答作出反应评价，主要包括：

重复——教师肯定学生的回答并重复学生的答案，或以不同的词句重述学生的答案。

更正——教师指出学生回答的错误，给出正确的答案。

评论——教师对学生的回答进行评价。

核查——教师通过征询或谈话检查其他学生是否理解某学生的答案。

延伸——依据学生的答案，引导学生思考另一个新问题或更深入的问题。

扩展——就学生的答案加入新的材料或新见解，扩大学习成果或展开新的内容。

6. 顺序与梯度

在课堂中许多同学怕回答问题，这是因为他们害怕自己的回答不能符合教师的要求。因此教师在设计提问时应按由易到难、由简到繁的顺序设计，把握好梯度，促使学生敢于回答或能够回答问题。

总之，课堂提问能引起学生的无意注意、引导思路定向、发挥教师主导作用、活跃课堂气氛，是课堂教学的中心环节和主要教学的行为之一，在运用中一定要注意控制难度、掌握深度、巧设坡度、创设情景、增强跨度、巧选角度，从而优化课堂教学。

三、课堂讨论设计

课堂讨论是启发式教学的基本方法之一，它是教师与学生、学生与学生之间的一种互动方式。通过互动交流观点，形成对某一个问题的较为一致的理解、评价或判断。讨论对发扬教学民主、让学生真正参与教学活动、发挥他们的个性、调动学习积极性和培养他们的能力都有积极的作用。

（一）讨论的功能

1. 增强学生的主体意识。在讨论时，学生要发表自己的意见，提出自己的观点，与其他同学讨论，评价其他同学的观点等，凡此都需要学生对所讨论的问题进行独立思考，并要用语言表达出来，这样就使学生的主体意识增强，主体作用得到发挥，提高学生学习的主动性和自觉性。

2. 增强批判思维能力。讨论不仅要求学生发表自己的意见，提出自己的观点，还要对别人的意见和观点进行评断。通过交流达成共识，所以在这个过程中，批判性思维得到了一定的提高。

3. 增强交流能力。交流能力是人们的基本素养之一，语言的交流、使用，符号的使用与表达，对自然、社会现象的表达、认识，在课堂上都一定程度上得到训练和提高。

（二）讨论要注意的几个问题

1. 注意营造讨论的氛围

要使讨论达到效果，教师必须营造讨论氛围。这种讨论氛围是由讨论主题、学生心理情绪和智力活动三个因素构成的。讨论主题要切中要害，有实际意义和价值，有一定趣味性和智力激励作用。让学生在讨论中畅所欲言、开动脑筋，教师必须给学生松绑，努力营造宽松、民主、激发矛盾的途径，引发学生的冲突和探究欲，从而激发"讨论欲"。

2. 明确讨论的要求

讨论是有目的的，因此要有明确的要求。讨论要充分考虑不同层次学生的合理搭配；注意时间安排，每次讨论前，教师要提出时间要求；讨论次数在一节课中也不宜安排太多，讨论要面向全体，给每个学生提供机会，让学生增强民主意识和责任感，认真对待讨论，避免凑热闹、走过场的现象发生；要注意讨论结果的汇报，一般讨论小组要有明确的分工，包括主持人、记录员、发言人、组员，每人各尽其责，每次讨论角色要互换，确保每个人在各个方面都得到锻炼。

3. 注意讨论题目的选择

讨论问题一般选择易混淆的、似是而非的、可能产生争议的问题让学生讨论。这样能使他们在讨论后澄清错误的理解，表达深刻认识。通过讨论，提出各种解决问题的方法，互相比较，优化方法·开阔思路；通过讨论，调整自己的思维，增进对问题的理解。

4. 注意教师"在讨论"中的作用

讨论并不是放羊，要注意教师的主导作用。教师在各组讨论中要巡视、听取讨论，必要时可介入讨论，发表自己的观点。在巡视中要注意捕捉有用的信息，向其他小组传输，发挥各讨论组之间"对话中转站"的作用，激发组与组之间的讨论。

讨论中，教师要及时对发言人进行适度的鼓励性评价，激励学生参与的积极性，注意评价各组讨论效果，使讨论成为左教师的主导作用充分发挥的情景下进行的、学生自主参与的教学活动。

四、小结设计

小结是指完成一个教学内容或活动时，教师对知识进行归纳总结，使学生对所学知识形成系统，从而巩固和掌握教学内容的教学行为方式。它也是教学过程中的重要环节。如果说巧妙的引入能激发学生的学习兴趣，点燃智慧的火花，开启思维的闸门，那么恰到好处的小结则能起到画龙点睛、承上启下、使人回味无穷的作用。

（一）小结的构成要素

1. 唤起注意，简单回忆

教师应该向学生明确教学已进入总结阶段，唤起学生的有意注意，把精力集中于关注重要信息，以实现知识的系统化、结构化，为学生主动参与总结提供心理准备。

2. 概括要点、明确结论

在新知识讲授结束时，要及时对新的知识信息浓缩提炼和揭示新旧知识的关系以实现知识系统化。这就需要教师引导学生概括要点、明确结论。

3. 回顾思路，强化方法

新知识教学的成功，常取决于好的教学设计和教学思路，回顾好的教学思路不仅有利于知识、技能的传授，也有利于促进学生思维能力的形成与发展。

4. 组织练习，巩固应用

练习是引导学生参与并亲自获取知识的一种重要教学形式，它广泛应用于教学的各个阶段。总结过程中教师组织学生练习，可使学生及时结合具体问题情境运用新知识，加强对新知识的记忆、巩固或深化。组织练习，使学生通过边练习边总结的过程，巩固运用知识和归纳整理知识，促进新知识教学目标的实现。

5. 引导探索，拓展延伸

课程的结束可以有封闭型和开放型两种：封闭型的结束，结论明确，交代清楚；而开放型的结束，可留下问题让学生思考，鼓励学生继续探索，运用发散求异思维，培养学生的探究能力、创新能力。

（二）小结的作用

1. 便于知识系统化，突出重点。

2. 检查学习效果。

3. 调动学生学习积极性，强化学习动机。

4. 复习巩固，强化记忆。

5. 为下一节做好铺垫。

（三）小结的类型

1. 总结根据式小结。由教师或学生完成，概括本节课内容，强调重点，指明关键，提出要求。可用叙述、图表、图示等多种方法总结概括。其特点是系统、完整、简明、扼要，给学生留下一个清晰的整体印象，便于记忆、理解、掌握本节的内容。

2．比较异同式小结。比较新知与原有知识的异同，加深扩展学生对知识的理解。知识间可能是并列的或是对立的。它们也可能是近似的、易混的，通过比较分析，找出它们各自的本质或不同点，找出内在联系或相同点，使学生对概念理解得更加准确、深刻、记得更牢固。如"正、反比例关系"的小结可以采用这种形式。

3．提示规律式小结。这种小结对定理、公式、规律、方法、步骤进行总结，促进学生有序思维的完善和发展。

4．延伸发展式小结。将课内知识延伸到后续内容或课外，通过这样的延伸架起知识和兴趣的桥梁，保持学生对后续内容的兴趣，引导学生在课外学习的兴趣，尤其对学有余力的学生，把他们带入到科学研究的殿堂之中。

（四）小结的功能

1．巩固知识

每节课的知识内容都包含了一定的信息量。这些信息不是孤立的，而是有一定的联系，是按照一定的逻辑组合而成的。运用结束技能对一节课或一单元课所学的知识信息进行及时的系统化总结、巩固和应用，使学生对新的知识更加清晰，能理顺一条逻辑结构主线，经过这种及时的小结、复习，可以将知识信息从原来的瞬时性记忆转化为短时记忆或长时记忆，起到复习巩固的作用。

2．及时反馈

运用结束技能可以及时反馈教与学的各种信息。当教师按原先准备好的教学计划完成了教学任务后，可以利用最后一段时间，通过完成各种类型的作业、练习、操作、问答、小结、判断评价等活动方式，检查教的效果及学生掌握知识的程度，为下一步的调整改进及时提供反馈信息。

3．承前启后

知识往往是前后连贯的，既有纵向的联系，又有横向的关系。好的结束有利于为以后的知识学习作好准备，为讲授以后的新知识提前创设教学情景，起到课与课之间、知识与知识之间的承前启后作用。

4．促进思维

教师通过课的结束,可以留下悬念,埋下伏笔,促进学生的思维活动深入开展,进一步诱发学生继续学习的积极性,也便于学生在课后有针对性地复习。

5. 概括巩固

有的课侧重知识的理解、运用,有的课侧重于技能训练,有的课兼而有之。在小结中,教师必须对学生学到的知识、技能、步骤、法则等加以巩固,使学生形成深刻印象,便于记忆,对没学好的知识,采取措施、矫正、完善。

(五)小结中注意的问题

1. 设计小结时要注意紧紧围绕着教学目标、突出重点、抓住关键。

2. 简明、扼要、画龙点睛,注意形式新颖,给学生以新鲜感。

3. 要与板书设计配合好,并把握好时间,不能压堂。

4. 小结应"水到渠成",自然流畅,而不是机械加工,更不能画蛇添足。

五、板书设计

板书是教师课堂教学中必不可少的教学行为,也能显示出教师的教学艺术和审美情趣。在课堂教学中,板书以其经济、便利的优势,有较高的使用价值和利用率。

(一)板书设计功能

1. 直观性

教学板书以文字、符号、图表等形象性手段将教学内容直接诉诸学生的视觉,丰富了学生的感知表象,有助于学生吸收和掌握知识信息。学生仅凭听讲要理解一节课的全部教学内容是较困难的,有板书,学生边听、边看、边记,眼、耳、手、脑多种感官同时调动,互相协调,有助于学生理解教学内容。板书的内容可以引导和控制学生思路,有助于学生定向注意和定向思考。学生利用板书指示的认知思路,可以优化理解教学内容。

2. 简洁性

教学板书的语言应是经过精心提炼的语言合金,符号与图像也是应当节省的，既是概括精练的，又是准确适当的，能够深刻地反映出教学内容的本质。不过，追求教学板书的简洁精练，应建立在准确、科学的基础上，否则易造成不必要的失误或错误。

3. 启发性

教学板书的启发性往往来自板书本身的含蓄蕴藉，富有弹性和张力，不做一览无余的交代，而是注意给学生留下思考和想象的余地。板书配合教学口语，可使学生听得更清楚准确，减少教学信息传播过程中的损失和干扰。板书将教学口语表达的不足部分、学生接受信息的疑难部分及教学内容的重点部分显示出来，及时补充足量的、完善的信息。心理学研究早已证明：学生的听课得到视觉配合，能使听者注意力更持久、理解更充分，从而强化信息记忆。

4. 趣味性

优秀的板书将繁复的教学信息浓缩演化成简明的、艺术化的符号构图，能引起学生积极的认知情绪和其他一系列积极的心理活动，激发学生的认知兴趣和智慧能力。学生从好的板书里学习到知识结构、迁移技巧、创意能力等，从而体会到教学的情趣和兴味。

5. 示范性

教学板书具有很强的示范性特点，好的板书对学生是一种艺术熏陶，起到潜移默化的作用。教师在板书时的字形字迹、书写笔顺、演算步骤、解题方法、制图技巧、板书态度与作风、习惯动作与语言等，往往成为学生模仿的对象，产生深刻入微的影响。

（二）板书的类型

1. 提纲式板书

提纲式板书是按教学内容和教师的讲解顺序，以纲目的形式展示顺序要点的板书形式。这种形式通常以精练的语言、序号非列的程式出现，能突出教学的重点，有利于学生把握学习的内容结构层次，便于理解和记忆。

2. 表格式板书

表格式板书是根据教学内容可以明显分项的特点而设计的，教师事先设计好表格，将分散的相关知识填入表格内，具有归类、比较、总结等功能，有助于学生掌握某些具有一定联系的概念、规律和事物性质。

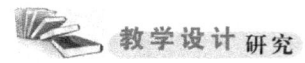

3. 总分式板书

总分式板书适合于先总述后分述，或先讲整体结构后分讲细微结构的教学内容。这种板书条理清楚、从属关系分明，有利于学生理解和掌握教材结构，给人以清晰完整的印象。

4. 图示式板书

图示式板书是用文字、线条、符号、框图等表达的板书。图示式板书有时可以是教师设计的图画，这样的板书具有形象、直观的特点，能引起学生兴趣、思考与记忆，具有一定艺术性。也可以借助于投影仪，事先在投影片上设计并打印好图示板书，这样既能节省时间，还能反复多次使用。运用计算机大屏幕投影能更方便地设计图示式板书，或在网络上下载所需的各种图示信息，这样的板书不仅色彩丰富，而且还具有动画效应和演绎效果。

六、课堂管理行为设计

良好的课堂管理不仅与正确的管理指导思想和恰当的管理方法密切相关，而且还要受到管理者的素质、课堂自身的状况等多种因素的影响。

（一）课堂管理相关因素

1. 课堂的管理跨度

有的地方，班级学生数额爆满，有的甚至一个班多达七八十人，教师一堂课下来，有精疲力竭之感，原因之一是课堂管理跨度过大，不易进行管理。适当的班级学生数额有利于教师进行课堂管理、督促每个学生圆满完成学习任务。

2. 课堂的学习环境

安静优雅的教室环境有利于学生的学习，有利于教师进行课堂管理。如果教室临近马路，嘈杂之声不时传来，何谈良好的课堂管理？目前，人们已利用心理学等科学研究成果，对教室的色彩、学生的座位等提出了更高的要求，这对搞好课堂管理显然是有益的。

3. 学生的上课风采

在一个学习和纪律状况比较差的班，教师进行课堂教学会感到非常吃力；而在一个学习和纪律状况比较好的班，教师会感到轻松愉快，比较容易进行良好的课堂管理。我们应当充分发挥良好的班集体的作用，发动学生自己参与课堂管理，从而形成良好的课堂群体规范和风气。

4. 教师的管理机智

这是教师根据课堂管理原则，运用自己的智慧，敏捷而恰当地处理课堂上偶发事件的方法和能力。比如一堂课上，教师刚进教室，就发现黑板上画着自己的漫画头像，这个教师没有冒失地查问或简单地擦去，而是说："这幅漫画画得很像，抓住了人物的特征，但这个同学的画画才能不应当表现在今天的课堂的黑板上，而应当表现在学校的墙报上；今天的作文课我们练习描写人物的外貌，请同学们抓住人物特征，写好自己的作文。"然后，教师把画擦去。这样，既使学生认识到了破坏课堂纪律的错误，又较好地引起学生对作文的注意和兴趣。相反，如果教师缺乏机智，就会在千变万化的课堂上束手无策，甚至由于自己简单化处理而事与愿违。

5. 教师的教学威信

有威信的教师，轻轻一句话甚至一个眼神能使乱哄哄的课堂霎那间安静下来；威信不高的教师，即使大声训斥也不能使学生信服和听从。加强修养、为人师表、言传身教等，都是一个教师树立威信所必需的，这里要特别指出的是第一印象。教师在学生面前的第一堂课，一定要精心设计、精心管理，然后让这良好的第一印象持续下去。如果第一印象欠佳，会给以后的课堂管理带来较大困难，只有有了威望，我们的课堂管理才会事半功倍。

6. 师生的情感关系

良好的师生关系，有助于课堂管理的顺利进行，隔膜乃至对立的师生情绪会成为课堂管理的严重障碍。如果在学生的心灵深处建立起师生关系的肯定情感，他就会把自觉遵守课堂管理的各种规范，看成是维护师生间友好情感的需要。

（二）课堂问题产生的原因

课堂教学是在教师有目的、有计划、有组织的指导下进行的，这就要求影响课堂教学的因素应尽可能在教师的控制之下，以增强对课堂教学之预见性，保证课堂教学按着设计的程序进行。但是教师对影响课堂

教学的因素的控制只是一种相对的控制，不可能绝对控制，只是控制影响课堂教学的多数因素，而不可能是全部因素。这是因为课堂上除可意识到的可控因素外，还有意识不到的难以控制因素。这些因素的存在是造成课堂教学突发事件的根源。这些因素来自三个方面：

1. 来自教师：教师对教学准备不足、情绪不佳，对知识的理解、问题的解决思考不周全，都易引起突发事件。

2. 来自学生：学生的学习动机不强、思想品德不良等，引起的课堂问题。

3. 来自外界干扰：既包括自然因素的干扰，也包括人为因素的干扰。

突发事件主要由教师解决，在处理突发事件上教师起决定作用，需要教师有良好的教学机智。

（三）课堂管理方法

1. 制订课堂规则

课堂规则是形成良好课堂纪律的前提条件，必须认真细致地制订课堂规则。课堂规则应通过教师与学生的充分讨论，共同制订，要少而精，具有操作性，对学生的行为起到约束与指导作用。

2. 提高课堂效率

教师要合理组织课堂教学结构，注意课堂时间管理的策略。教学内容符合学生的需要，生动有趣，学生愿意积极参与，教学方法要能激起学生的兴趣，不断变换刺激角度，集中学生的注意力，以维持学生学习的兴趣，确保班上所有的学生在课堂教学的每一部分都投入到学习中去。

3. 正确、有效地处理课堂纪律问题

第一，运用非言语线索。非言语线索主要包括目光接触、手势、身体靠近或触摸等。如对表现不良的学生保持目光接触就可能制止其不良行为，还可以走过去停留一下，或者把手轻轻地放在学生的肩膀上。这些非言语线索传递了同一个信息："我看见你正在做什么，我不喜欢你这样，快回到学习上来。"

第二，合理运用表扬和惩罚。教师要想减少学生的不良行为，可以从表扬他们所做出的与不良行为相反的行为入手。譬如某个学生上课爱做小动作，教师就可以在这个学生认真学习的时刻表扬他。我门还可以采取表扬其他学生的方式来减少某个学生的不当行为，一般选择他邻座的同学或他最要好的同学加以表扬，这样可使行为不当的学生意识到，教师已经知道了他的行为表现，他应控制不当行为。

第三节　教学组织形式

关于教学的组织形式，不同的专家学者、教科书和专著对其定义不尽相同。有的人认为教学组织形式就是关于教学活动怎样组织，教学的时间和空间怎样有效地加以控制和利用的问题；有的认为教学组织形式就是教学过程中教师和学生的"搭配"，在一定程度上定型化了的持续的模式；还有的认为教学的组织形式就是由既定的作息制度和规章制度规定的师生之间的互相作用。虽然上述定义表述各不相同，但有几点相同：

第一，从表面上看，教师和学生都要服从一定的教学程序。学生以集体、小组或个人形式完成教师为他们设计规定的学习任务；第二，师生活动必须服从一定的时空限制，并结成一定的"搭配"关系；第三，师生的这种程序和"搭配"关系组成的共同活动，能够直接或间接地相互作用；第四，在这种相互作用中，包括了教学内容、教学方法、教学手段和教学步骤在时空上的综合。

综上，我们认为教学组织形式是教学活动中师生相互作用的活动方式。它所涉及和要解决的问题是教育者怎样把学生组织起来，通过教和学使师生紧密联系；怎样利用空间、时间和其他教学条件来安排教学活动，使教师有效地教，学生有效地学，实现教学目标。

一、班级教学

（一）基本特点

它是根据年龄和知识水平把学生编成有固定人数的班级，由教师按照教学计划统一规定内容和课时数、按课表进行教学的教学组织形式，它有以下三个基本特点：

1. 以"班"为人员单位。学生在班级学习，班级人数固定，年龄、知识水平大多数相同。

2. 以"课时"为单位。大至一学年、一学期，小到一学周、一学日、一节课的教学过程都是以课时为时间核算基本单位的，教师同时面对全体学生上课，有统一的起止时间。

3. 以"课"为活动单位。"课"把教学内容以及传授这些内容的方法手段综合在"课"上，把教学活动划分为完整且互相衔接的各个教学过程单元，从而保证了教学过程的完整性和关系性。

（二）班级教学的优势及局限性

1. 优势

第一，一位教师同时教许多学生，教师按照假想或实际的平均水平进行教学，以满足大多数学生的要求，扩大了单个教师的教育能量，具有规模效益。

第二，以"课"为教学单元，能在规定时间传授较多的内容，可使学生的学习循序渐进，系统完整。

第三，教师有目的、有计划，精心准备的"课"是以教师的系统讲授为主的，并兼用其他方法，有效地发挥了教师的主导作用。

第四，固定班级人数和统一的时间单位，有利于学校合理安排各种教学内容和进度，有利于教学管理，促进教学快速进行。

第五，教师与学生直接面对面，可以及时收集信息，加强师生间的交流，有利于及时调整讲授内容和方法。

第六，班级体内的群体活动和交往有利于学生建立健康的人格，有利于学生建立集体感、班级精神，加速学生的社会化进程。

2. 局限性

第一，教师倾向于把学生看作是一个在一般能力、兴趣、学习方式、动机等方面同质的组，教学常是针对假想中的中等学生，只适宜少数部分学生，难以照顾学生的个别差异，不利于因材施教，这是班级授课最易遭批判的一个缺陷。

第二，教学活动多由教师做主，学生学习的主动性和独立性受到一定程度的限制。

第三，学生主要是接受性学习，不利于培养学生的探索精神、创造能力和实际操作能力。

第四，由于以"课"为活动单元，而"课"又受时间限制，因而往往将某些完整的教学内容人为地割裂，以适应"课"的要求。

第五，不适宜完成动作技能的目标，对情感领域的教学目标效果甚微。

（三）适用范围

1. 导入新课题的目标和要求，为学生指明学习方向。

2. 介绍课题的背景知识或必需的预备技能。

3. 系统讲解课题范围内的观点和材料。

4. 介绍专业领域新近的发展情况。

5. 邀请外来专家讲演或放映电影、录像等。

6. 进行课题或单元的复习、小结等。

目前教学组织形式的发展趋势是减少教师花费在班级教学上的时间，更多地安排个别学习和小组学习，使学生积极主动参与到教学中去。

二、小组教学

小组教学是把班级暂时分成若干小组，由教师规定共同的学习任务，并由学生分组学习的班级教学形式。小组教学最适于各科内容学习之后的强化巩固。

（一）基本特点

1. 在全班上课的基础上开展小组活动，仍保留班级。小组不是永久性的。

2. 小组成员的构成应以学习情况、性格特征不同的学生编在一组，互相取长补短。

3. 小组人数以 5～7 人为宜。人数过多，积极活动的人数会减少；人数过少，对提出观点的丰富性以及补充意见的多样性不利。同时建议小组人数为奇数个，以避免意见较难一致，发生冲突、对抗。

4. 小组可以是学科小组，也可以是学习小组。

5. 问题可以是教师提的，也可以是学生提的。

6．教师起指导、调节作用。

（二）小组教学的优势及不足

1．优点

第一，给学生提供更多的直接参与学习的机会，有利于培养学生的参与意识和领导组织能力。

第二，师生间、学生间的互相作用，可以促使学生民主与合作精神的形成。

第三，有利于情感领域和动作技能教学目标的实现。

2．缺点：教学进度不容易控制，教学目标难以一致。

（三）适用范围

1．许多问题中，有一些并不只有一个答案的问题的学习。

2．虽然问题只有一个答案，但包含较难的概念，需要学生从不同角度加以论证的问题的学习。

3．学生试图理解一个与常识相反的困难概念的学习。

三、个别化教学

个别化教学是为适应个别学生的需要、兴趣、学习进度和认知方式的特点等而设计的教学方法，但这并不意味着个体独自学习。

（一）基本特点

1．在全班上课的基础上，再照顾学习速度慢或快的学生，以及有特殊需要的学生。

2．教师给布置的学习任务以及辅导必须以该生的学习准备、学习特点和个性特点为依据。

3．教师的作用主要在于指导和帮助学生自学和独立钻研。

4．学生的学习是由教师"扶着走"向独立过渡。

（二）个别化教学的优点与局限性

1．优点

第一，使教学适合每个学生的学习需要、能力水平和学习速度，有利于因材施教。

第二，可调动每个学生的学习积极性，使后进生不至于失去信心，又不至于失去进步学习的机会和条件，使每个学生都能从中受益。

第三，有助于训练学生的独立学习、独立钻研和自我教育的能力。

第四，学习的时间和空间灵活性大。

2. 局限性

第一，若长期把个别化教学形式作为主要的教学形式，会削弱师生之间、学生之间相互作用，不利于合作精神的培养，不利于竞争意识的形成。

第二，若用单一途径和固定不变的学习方法，学生会感到单调无味，削弱学习热情，容易疲劳。

第三，个别化教学不适合所有的学生，特别是某些缺乏自觉性的学生，可能会拖延学业。

第四，个别化教学其"代价昂贵"，需要比其他教学形式花费多得多的时间、精力、财力。

第五，个别化教学不利于学生交往能力的发展。

通过以上三种教学组织形式的特点的概述，可以想象在制定教学策略的时候，三种形式之间要有某种程序的平衡，以便扬长避短，相互弥补和促进。在当前学校教育的教学设计中，要尽量减少班级授课时间，要有让学生进行个别化学习的意识，并努力营造个别化学习条件和资源，要提供足够的小组相互作用活动。

当然，在许多情况下，这三种教学组织形式之间并没有十分明显的界限，如正规的班级教学中讲授、演示可以结合提问、讨论，个别化学习中可以补充辅之以小组互助等。总之，在适当的时机，选用有助于教学的组织形式。

第六章
教学材料的开发、选择与编制

　　教学材料的开发与选择是教育改革及发展背景下被日益关注的一项重要技能，它渐已成为衡量教师专业技能的标志之一。教学材料开发的程度和水平，直接关系到教师的教学质量和学生的学习效果，在整个课堂教学体系中具有重大意义。

第一节　教学材料的概述

一、教学材料的含义

　　教学材料泛指学习者即将用来达到学习目标的所有教学内容，包括文字的、多媒体的或教师提供的内容等。它包括为主要教学目标和终点目标所选择的材料，以及所有能增强记忆、促进迁移的材料。它既指那些已经整合起来的已有的材料，也指那些专门为教学目标开发的材料。此外，还可能包括学习者在教学中用来指引他们学习的信息。

二、教学材料的类型及作用

(一) 印刷出版物

印刷出版物也称作纸质出版物，是最传统、最方便的材料来源，深受教学设计者、教学者的欢迎和喜爱，仍是目前学校教育应用最为广泛的教学材料。

1. 优点

第一，符合人们的阅读习惯。长期以来，人们一直与纸质文献相伴，纸质文献的生产和利用已经形成了一个相当完善和稳固的体系，且长时间阅读，只要光线自然柔和，对视力影响不大，阅读效果较好。因此，纸质文献在今后相当长的时间内仍将继续存在。

第二，便于保存。纸质文献的载体与信息融为一体，保存好了载体，其信息就得到了保护。长久以来，人们对其保存积累了丰富的经验，只要温度、湿度和光照等方面把握适度，纸质文献便可长期保存。且电子文献的不稳定性及信息保存的局限性，使得纸质文献将肩负着保存人类文献信息的职能。

第三，具有权威性。纸质文献经过千年的洗礼，已建立了完善发达的编辑、生产、发行系统。在科学评价功能方面，各书刊出版部门都建立健全了学术评审委员会或类似机构来保证出版文献的学术水平。纸质文献的生产和传播常会受到道德审查和政治审查，对保护普通社会人群、保护社会伦理和社会道德、保持社会稳定有积极的作用，因而纸质文献传播的信息能够得到多数人的接受和认同。

第四，有利于知识产权保护。在知识产权和版权保护方面，目前已有较健全的法律法规，知识产权和版权受到了法律的保护。

第五，纸质文献仍具有强大的生命力。从目前看，全世界每年至少90％以上仍然是以印刷型为主的纸质文献。事实证明，纸质文献有巨大的市场潜力和强大的生命力，其存在和发展是客观和必然的。

2. 不足

第一，文献信息量有限。随着文献信息量的急剧增长，纸质文献的存储空间和文献本身所含的信息量都受到了不同程度的限制。

第二，不便于大量复制。纸质文献容易变质和自然老化，并且其知识内容的复制需要大量的人力和时间。

第三，造成资源浪费。纸质文献以优质木材为原料，既占用人类的森林资源，又因制作纸张造成的污染破坏人类的生存环境。

第四，信息检索不便。纸质文献本身所含的知识量不大，许多相关的知识内容需要负载于大量纸质载体上，不利于人们的检索和利用。

第五，表现立体效果差。纸质文献以静态画面呈现，学生使用时表现立体效果差，尤其无法表达动态画面。

(二) 电子出版物

电子出版物，是指以数字代码方式将图文声像等信息编辑加工后存储在磁、光、电介质上，通过计算机或者具有类似功能的设备读取使用，用以表达思想、普及知识和积累文化，并可复制发行的大众传播媒体。如有出版单位署名的教学光盘等，或新闻出版署认定的其他媒体形态。电子出版物属于软件范畴。

电子出版物所涉及的领域比传统以纸为媒体的出版物要广得多，对人类的影响也要大得多。随着科学技术的不断进步，生产产量的不断扩大，电脑的功能越来越强，而价格却越来越低，而且网络技术也越来越成熟，电脑已逐渐进入家庭，成为一种生活的必需品。许多大型百科全书已做成光盘备用，幼儿识字、算术、智力开发方面的读物也越来越多，小学、中学各科辅导读物也被作成了磁盘或者光盘，电子出版物时代的来临已不再十分遥远。

1. 优点

第一，多媒体。电子出版物的信息量十分丰富，包括多种媒体，如文字、图形、影象、声音、动画等，比传统出版物要多得多，它可以利用这种优势，为读者提供种种信息，使读者十分容易地掌握各种知识。这种多媒体能造成这样有趣的情形，如背景音乐、微观世界的图形、神奇的自然景观影象等。

第二，交互式。与平常读书不同的是，电子出版物为交互式，即人（读者）和机（电脑）之间存在着双向的信息交流，例如，人可以改变进度、难度，电脑也能向人提问，等等。读者可以用出版物提供的菜单、按钮、按键等十几种交互手段，充分使用电子出版物。

第三，高容量。一本 70 万字的 32 开普通书籍，可厚达 1000 页，而放在磁盘中，只需占用一张薄薄的、巴掌大的 3 英寸光盘。光盘，称为海量存贮器，一张普通光盘的容量，就可达 650MB，它能够容纳 320 多种，每种均为 100 万字的工具书。

第四，易检索。电子出版物具有十分方便的检索性能。可以很方便地使读者从几千万字中找到所需。

2. 不足

电子出版物的使用需要与先进的媒体设备相配合，尤其是应用计算机多媒体技术，应用成本高，材料制作费用高，复制较困难，使用还没有完全普及。

(三) 网络资源

网络资源是利用计算机系统通过通信设备传播和网络软件管理的信息资源，就是通过网络可以利用的资源。具体地说是指所有以电子数据形式把文字、图像、声音、动画等多种形式的信息存储在光、磁等非纸介质的载体中，并通过网络通信、计算机或终端等方式再现出来的资源。如网站提供的可供用户下载的资料或文件。

1. 优点

第一，存储数字化。信息资源由纸张上的文字变为磁性介质上的电磁信号或者光介质上的光信息，使信息的存储和传递、查询更加方便，而且所存储的信息密度高，容量大，可以无损耗地被重复使用。以数字化形式存在的信息，既可以在计算机内高速处理，又可以通过信息网络进行远距离传送。

第二，表现形式多样化。传统信息资源主要是以文字或数字形式表现出来的信息。而网络信息资源则可以是文本、图像、音频、视频、软件、数据库等多种形式存在的，涉及领域从经济、科研、教育、艺术到具体的行业和个体，包含的文献类型从电子报刊、电子工具书、商业信息、新闻报道、书目数据库、文献信息索引到统计数据、图表、电子地图等。

第三，以网络为传播媒介。传统的信息存储载体为纸张、磁带、磁盘，而在网络时代，信息的存在是以网络为载体，以虚拟化的姿势状态展示的，人们得到的是网络上的信息，而不必过问信息是存储在磁盘上

还是磁带上的。体现了网络资源的社会性和共享性。

第四，数量巨大，增长迅速。CNNIC 一年两次发布的《中国互联网络发展状况统计报告》，全面反映和分析了中国互联网络发展状况，以其权威性著称。从第 31 次报告中可以看出，截至 2012 年 12 月底，我国网民规模达到 5.64 亿，互联网普及率为 42.1％，家庭接入网络也超过九成，手机微博用户近三分之二，我国上网计算机数量为 2083 万台；CN 下注册的域名数量达到 17.9 万个；网站数量达到了 37.1 万个；国际出口带宽总量为 9380M。

第五，传播方式的动态性。网络环境下，信息的传递和反馈快速灵敏，具有动态性和实时性等特点。信息在网络中的流动性非常迅速，电子流取代恶劣纸张和邮政的物流，加上无线电和卫星通讯技术的充分运用，上传到网上的任何信息资源，都只需要短短的数秒钟就能传递到世界各地的每一个角落。

2. 不足

信息源复杂。网络共享性与开放性使得人人都可以在互联网上索取和存放信息，由于没有质量控制和管理机制，这些信息没有经过严格编辑和整理，良莠不齐，各种不良和无用的信息大量充斥在网络上，形成了一个纷繁复杂的信息世界，给用户选择、利用网络信息带来了障碍。

第二节　教学材料的开发与选择

教学材料的开发有两大主体：一类是国家或地方教学材料开发主体——专家；另一类是学校教学材料开发主体——教师和学生。我们教学中侧重研究教师对教学材料的开发。

一、教学材料的开发在新课程背景下的基本理念

新一轮基础教育课程改革正在我国兴起，教师能否树立与之相适应的全新的开发教学材料的理念，将更多更好的课程资源用于日常的教学

生活显得尤为重要。

（一）教材是基础的教学材料

教材一直是我国学校教育最传统的课程资源，是素材性课程资源的重要载体。学生们对于知识和人生的间接经验主要来源于课堂和书本。教材在学生学习、获取知识的过程中，扮演着重要的媒介者的身份。无论电子信息时代如何进步和发展，纸质的教材依然是基础而普及的教学材料。但要说明的是，教材作为教学材料的地位虽然基础，但它绝不是唯一的课程资源。现行的教材往往结构单一，落后于时代要求，这就需要教师不断加大改革教材的力度，合理建构课程资源的结构和功能，要有突破，有超越，体现时代进步、教育发展的多样化需求。[①] 新课程要求教材的开发和利用不能仅仅局限于学科知识，应有意识地培养学生探寻更广阔的未知世界的热情和能力。

（二）教师是重要的课程资源

教师是课程的创造者。教师不仅决定课程资源的选择、开发和利用，是课程资源的重要载体，而且其自身就是课程得以顺利进行的条件性课程资源。教师的专业素养、文化素养、人格修养在其中的地位非常突出。学生的发展最终依赖于专业教师，只有具备极高的专业素质的教师才能在能力、需要、经验和学习方法上促进学生全面的发展。而仅仅具备专业知识是不够的，一个能作为优秀的课程资源存在的老师，还要能把本学科的知识和人类以及现实世界联系起来。教师要根据自己对教材的理解，使教学内容不局限于教材，在突出重、难点的基础上，把教学内容生活化，并且根据学生已有的水平、兴趣爱好和性格特点，设计出不同课程来完成教学目标，这一切都是需要有深厚的文化素养作依托的。同时，教师是学生的榜样，教师的教学形象、言语形态、人格力量和情感品质都是学生模仿的对象，因此教师作为优秀的条件性课程资源，就要不断提高自己的品德修养，使自己能够在不知不觉中为学生营造出良好的品德教育的氛围，最终把智慧凝结成思想，把文明积淀成人格。

3. 学生是本位的课程资源

学生作为课程资源的一种，既是课程资源的享有者，又是课程资源

---

① 吴刚平：《课程资源的开发和利用》，《全球教育展望》2001 年第 8 期。

的奉献者。在传统的课程观中,学生一直处于被忽视的地位。然而学生是课堂教学活动不可或缺的主要参与者,我们选择并开掘丰富多彩的课程资源,归根结底是为了学生,要服务于学生。学生的生活经验、兴趣爱好、思维特点等都决定了学生是本位的课程资源。

二、教师在开发教学材料与教学传递中的作用

教师在开发教学材料时要考虑与之相匹配的教学传递方式,不同情况下教师的作用是不同的。

1. 当教师开发的是个别化学习材料或者这些学习材料不需要由教师辅导或者适合学生发现学习时,那么教师在开发教学材料中的作用最大,教师在传递中的作用只是指导学生探究和检查学生的学习情况。

2. 教师挑选及改编现有的教学材料使之与教学策略相吻合。这种教学材料较为适合掌握学习方式、合作学习方式、发现学习方式的综合应用。这时教师在开发教材中的作用为中等水平,但教师在教学传递中的作用较上一种要大得多,教师可以对学生进行指导(个别指导、自学指导)、解疑。

3. 教师对学生的学习全面负责。此种情况教师是按照事先设计的教学策略传递所有的教学内容,适合学生掌握学习方式。因此,教师在开发教材时的作用最小,但在进行教学传递中的作用却是最大。这种方式通常用于中、小学及培训机构,此时教师是根据教学策略的要求来编写提纲、安排小组练习和活动。教师把大量时间花在向学生群体讲解及传递信息上,个别指导相对较少。

三、教学材料内容的选择

在开发教学材料的过程中,若有现成材料,我们只需考虑如何选择及改编现有的教学材料,否则就需要编制新的教学材料。

(一) 教学材料的组成

最基本的教学材料由测验、教材、学生手册、教师手册四部分

组成。

1. 测验

测验是评价学习者是否达到预期的学习结果的主要手段。在全部的教学材料中均应有测验，这里不包括插入测验。

2. 教材

教材不仅包括印刷型信息，而且包括电子型信息。教师和学生利用它达成教学目标。

当前新的课改要求我们要确立"教材系列"的概念和观念，即教材是成套系列的，而不仅仅是教科书。它集中地反映了国家的意识形态和教育观念。在近代的学校发展中，特别是义务教育学校中教科书是重要的教材，或是教材系列的主体部分，是衡量一个国家地区基础教育水准的重要标志。从这个意义上看，把教科书视为唯一的教材的传统观念是不恰当的。

在我国，国家有义务为中小学提供标准化教材，在新课程标准下已经出版或正在编制的"实验教材"，国家、地方是开发的主体。目前这种教材的开发是以成套形式进行的，即围绕教科书成套地同步推出教师的指导用书、视听教材、学生辅助读物等。但是更重要的是鼓励一线教师自主开发适宜的教材。有些学校办特色学校，更需开发校本课程，开发的主体当然也是一线教师。

教材的主要内容必须向学生呈现学习信息，以使其达标，包括①教学具体目标及复习材料，激发动机的材料及各项活动；②要求学生掌握的信息、概念、技能的正例和反例；③向学生提供具体活动材料；④对学生活动的反馈信息；⑤指导学生活动的下一步活动的意见。

3. 学生手册

学生手册是达成教学目标的辅助材料，这包括如何利用教材中各种教学资源的具体指导，还包括学习的策略，即告诉学生先做什么，后做什么等。另外学生手册还有一部分教材以外的学习材料、试题样例、目标说明及练习题。

4. 教师手册

在教师手册中，将对整个教学材料的设计做总体说明。它为教师提供一个教学材料的总体印象及说明这些材料如何整合到学习过程之中，

它还可以包括测验题及其他一些对教学来说是重要的信息。

（二）教学材料的选择标准

如何选择收集到的材料主要依赖于这样几个因素：教学目标、学习者特点、信息特点、技术质量、教学有效性等。

了解这些问题可以从适当的问题出发：

1. 教学材料的功能与教学设计的结果性目标和体验性目标相匹配吗？

2. 学习者具有获得这些材料的能力吗？

3. 这些材料能满足学生的多元智力吗？

4. 这些材料准确新颖吗？

5. 这些材料呈现给学习者能引起兴趣吗？

6. 这些材料能提高学习者的参与程度吗？

7. 这些材料技术质量能被学习者接受吗？

8. 这些材料提供者是否提供了说明材料的使用效果？

9. 这些材料是否存在某种主观偏见？

四、教学媒体的选择

教学媒体体现教学材料的呈现方式，教学媒体的选择也是教学材料选择的一个重要标准。什么时候选择，选择何种媒体是有情境的。正确合理地选择教学媒体，使学生的多种感官得到刺激，最大限度地获取信息与知识。

（一）教学媒体的选择功能

1. 激发兴趣，强化学习动机

多媒体辅助教学，现代教学媒体具有图文并茂、音像交相辉映的生动特点，这种表现手法正符合中小学生的心理特点，因而能激发他们的学习兴趣，使数学、识字等教学不再枯燥无味，变得具体生动。

2. 有利于学生理解和掌握知识

多媒体教学便于给学生提供知识素材，借助于直观教具、幻灯、投影、录象、计算机等可以形象地呈现知识的发生发展过程，强化刺激，引起注意，激发思维。每个学生可以按照自己的认知结构构建知识体系，为教师变"结论式教学"为"过程式教学"提供极大的便利。

3. 启迪思维，促进思维发展

现代教学媒体可以使人的内隐思维外显，使思维受到相当程度的训练，如通过再现的场景展开联想，通过图形猜测规律，这无疑会启发思维，促进学生思维发展，培养创新能力。

4. 增加信息密度，提高教学效率

由于教师不必再在课堂上一边讲课一边写板书，可以节省很多时间。但这对于学生来说，就必须集中十二分的精神，认真做笔记，因为一不小心，就会漏抄笔记，那样就不会开小差了。如果真的漏了内容也可以课后再看。另外一点就是学生要边看边听边写，所谓的眼到、手到、耳到，那心岂能不到，因此，整个上课过程必须是高度集中注意力的。

5. 有效促进记忆，培养记忆能力

多媒体集图、文、声、像多重刺激于一体，使学生大脑的视觉、听觉等中枢都处于兴奋状态，相关知识在大脑中就会留下深刻印象。多媒体展示知识空间的联系，将知识系统化，形成网络，有利于学生对知识进行比较、加工、归纳，形成理解基础上的记忆。

（二）教学媒体的选择及设计应遵循的原则

1. 目标性。媒体的选择及设计要根据教学目标和内容进行，不要一味追求多媒体等现代手段，有些内容用传统媒体手段就可以解决，就不必追求"现代化"，否则就是画蛇添足。

2. 功能性。一是现代教学媒体与传统教学手段相结合，调动学生的多种感官，才能达到课堂教学的最优化。二是现代教学媒体既能表现活动的画面，又能表现静止放大的图像，弥补了传统教学手段的不足。

3. 针对性。一是针对具体内容，二是要针对学生的思维发展水平和年龄特点。

4. 适度性。一是媒体选择要适度，恰到好处，不能乱用、滥用；二是媒体的选择也要有所限制，不能让媒体替代教师，更不能让"人灌"变成"机灌"。

5. 方向性。无论选择什么样的媒体，都应在现代教育思想下进行，

教师在设计中要多问几个问题，是否发挥了学生的主体性、教师的主导性、是否有利于知识的发展，是否有利于活动的展开等。

（三）教学媒体的选择依据

教学媒体的选择是教学过程中的重要环节，也是重要的教育因素之一，与教师、学生、其他教育资源存在着必然的联系。

1. 教师因素

教师是教学活动的主要设计者、参与者和评价者之一，又是教学媒体的决定者，教师因素的作用不可或缺。在教学活动中，教师的个性特点、综合素养、教学理念、教学模式、教学方法、教学设计、评价策略、教学主动性和积极性等，都存在着差异性。虽然教学内容与要点大致相同，但是这些差异使实现这些内容与要点的教学实际过程各有侧重，或者重在感受，或者重在反思，或者重在归纳，或者重在演绎，或者简洁明快，或者繁复绚烂等等。这些不同的特点，会使教师选择更适合自己的教学媒体，使教学利益最大化，这些都与教师的因素息息相关。

2. 学生因素

学生是学习的主体，教学的最终目的是使学生的知识与技能、过程与方法、情感态度价值观有所收获和进步，使学生能够在个性发展的意义上提升综合素质。因此，学生的地域特点、群体特点、个性差异、情感特点、知识基础、思维习惯、交流习惯、学习方式、学习方法、学习兴趣等因素都制约着媒体的选择。适合的媒体会使这些因素成为教学的助力，教与学的信息传递、交流效率高，事半功倍，反之亦然。因此，教学媒体不仅不是千人一面的软件复印品、拿来品，而且更是实现因材施教的桥梁。不同的学生，会有不同的媒体，即便是媒体相同，承载的内容也各异。可以根据学生的因素差异，选择适合学生接受的媒体，达到学习效益的最优化。

3. 其他教育资源

其他的教育资源包括其他教学软硬件资源。软件例如教材、教学信息、辅助资料、学校文化特色等等。硬件如拥有的媒体类别、媒体的使用条件与要求、媒体的操作性与方便性、媒体的保存和保养、教室、学科实验室等。这些资源是教学媒体可选择的必要保障，这些使媒体的选择成了诸项因素的合力选择。要充分利用好其他教育资源，使各种因素协调发展，这种合力会提高教与学的效率。

（四）教学媒体的选择方法

教学媒体的选择方法各异，而依据教育诸因素对媒体选择的不同要求，人们综合考虑教育因素的协调与发展。在实践中，出现了多种媒体选择模式，这里介绍两种，问试卷选择模式和流程图模式。

1. 问卷选择模式

问卷选择模式，是一种简单易行的教学媒体选择模式，它更多的是关注实现条件，用是非问题的形式来选择一种相对适合的媒体。

问卷的对象，是授课教师。问卷的内容通常关注以下基本内容：

① 教师自身的条件与因素

②学生的条件与因素

③ 教学目的、内容与方法的要求

④学习方式与方法的要求

⑤教学软件资源的条件

⑥教学硬件资源的条件

⑦ 上述条件的相互制约

表 6—1　问卷选择模式示例

问题编号	问题题目
1	所选择的教学媒体是否与学生群体的认知水平相适合。
2	教学内容是以理性思维为主，还是以形象感知为主。
3	教学内容更需要静态图像，还是活动图像。
4	教学内容是需要即时重现，还是事后重现。
5	是否需要多种媒体资源的共同支持。
6	教学媒体是否容易操控。

从问卷模式的内容看，它力求在教师、学生、教学资源之间及三者与现实条件之间寻找一个相对适合的传递媒体，优势在于对媒体的选择操作方便且易实现。从固定的一个教育因素角度看，最终选择的虽不一定是最佳媒体，但是以全面的视角看待不同条件制约下的媒体，这种方

法也是一个较好结果综合。不过，影响问卷问题设置的现实因素较多，例如教师的教学理念、教学设计水平，以及教学媒体操作能力等，都会使问卷的质量受到影响，进而影响到媒体的选择。

2. 流程图选择模式

流程图选择模式是一种更方便快捷的媒体选择模式，它不同于问卷式，它是把各种可能的选择排列成有序的环节，通过"是""非"回答逐步排除各种可能，最后选择出适合的媒体。

不同的媒体有不同的特点与要求，不同的教学内容也有不同的目的要求。在选择是非答案的时候，不但要根据流程图字面的意义进行判断，更要根据教师本人的特点，根据教学设计，根据学生和资源的特点综合考虑教学得失，继而判断出结论。当然，流程图是相对流程，不能取代教学，也不能一劳永逸，要根据具体情况，在进行流程图选择前，调整流程图，使之更专业，更科学。

在实际工作中，教师既可使用选择现有的成熟的流程图，也可综合考虑各种教学因素，自行建立。

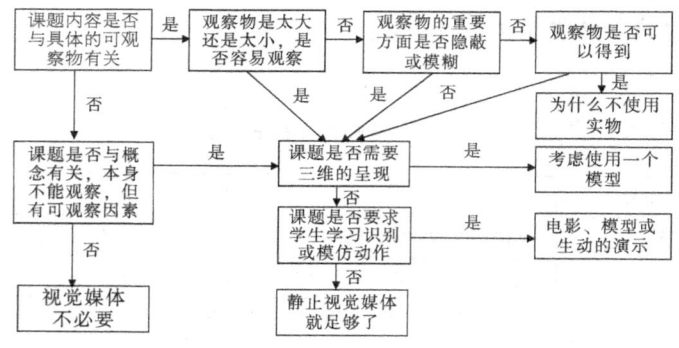

图 6—1　密斯德斯基选择视觉媒体的流程图[①]

　　① 杨九民，梁林梅编著：《教学系统设计理论与实践》，北京大学出版社 2008 年版，第 147 页。

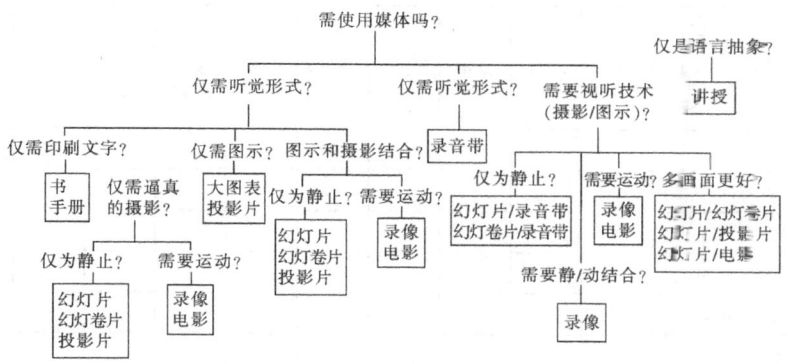

图6-2　集体授课的媒体选择流程图①

　　这两种媒体选择模式都显示了有序排列和媒体特点突出的特点，有比较好的操作性和针对性。但是毕竟教与学的活动不是一成不变的，教师、学生、资源等因素都存在较大的变数，这都影响着教学媒体的选择，因此，在具体工作中，还是要因人而异，因事而行，不能僵化教条。

　　除却上述三种模式，根据教学因素，包括教学目标、教学内容、学生群体特点、教学方法、学习方式、评价方法等因素的制约，同时，根据上述诸种方法，可以基本确定适合的教学媒体，并在课堂教学中运用。而在实际教学中，还要参考以下其他现实因素，然后　在几种适合教学媒体中选择最佳媒体。

表6-2　影响现代教学媒体选择的其他现实因素

教学媒体　　　现实因素	图片	幻灯	投影	电视	电影	录象	录音	计算机	互联网
可以获得									
场地条件									
设备安装及维护简单									

　　①　杨九民，梁林梅编著：《教学系统设计理论与实践》，北京大学出版社2008年版，第148页。

现实因素＼教学媒体	图片	幻灯	投影	电视	电影	录像	录音	计算机	互联网
教学资源丰富									
准备时间									
制作成本									
操作简单方便									
听、视效果好									
费用投入小									
学生群体因素									
教师个性因素									

（五）教学运用

1. 选择恰当的时间

在实际教学中，教学媒体的运用要掌握恰当的时间。实际教学不等同于教学预设，教师与学生的不同的理解实践能力会使课堂教学出现与教学预设不同的问题，而教学媒体所传递的是固有的信息，无法与课堂生成的信息相匹配，这就要求媒体的使用要灵活，不囿于预设的传递时间，要根据教学实际及时进行信息的传递。

2. 关注教学情境

关注教学情境，一方面是关注教学情境的生成，利用教学媒体的丰富表现力、重现力、参与性等特性，积极营造教学情境，使学生在适合的情境中全心投入学习与反思中，提高学习效率。另一方面是充分利用教学情境，借助这个因素，有效地完成信息传递的任务。

3. 有所取舍

在课堂教学中，正如上面所述，教师与学生两大教育因素的不同特点、媒体固有信息和教学过程中的不确定问题生成的矛盾、教学情境对教学媒体的需求等都会使预先设计的教学媒体及内容不能完全传递。教学不是教学媒体的展示过程，不是固有信息的简单传递过程，教师要充分考虑课堂教学过程中教师、学生、资源各因素间的影响。对符合并促进教学进程的媒体与媒体信息，要按课前预设正常展开并适当加强。反之，可以略过。有所取舍，才能有所侧重，有所提高。

五、CAI 课件的制作

（一）CAI 课件的制作工具

每一种制作软件都有其自身制作界面功能的优劣之处。CAI 课件的制作者必须根据自己的实际情况（如硬件环境、电脑基础知识等）寻找适合的多媒体制作工具。目前，流行的 CAI 创作工具有许多种，但由于学校中 CAI 软件的制作者一般来说并非信息技术专业人员，而是教师本人，电脑基础都较为薄弱或没有相应软件知识，因此应该选择自身容易接受的创作软件。如方正奥思，全中文界面，操作简单，对象引入快捷，页与页之间连接方便，易学易用；POWERPOINT 软件是多媒体写作软件，适用于开发多媒体演示、幻灯片和教学培训等课件，这两种都是基于卡或页的多媒体创作工具，它们将多媒体元素集成一张张的卡或页，通过卡或页跳动来呈现多媒体软件，它们的设计思想容易为初次接触多媒体的人接受。但是，这两种软件也有其局限和缺陷，缺少课堂上必要的师生与电脑的交互。

对于已有一定电脑知识的教师来说，可选用 AUTHORWARE。AUTHORWARE 是一种基于流程图的多媒体创作工具。它将多媒体的元素以图符的形式，置于预先设定好的流程线上，将文字、图形、图像、声音、动画等各种多媒体项目数据汇集一起，赋予其交互功能，以达到多媒体软件制作的功效。其特点就是具有功能强大的交互方式，由其生成的多媒体软件有较好的人机交互性。

其他目前流行的软件还有：VB、3DMAX、FLASH、几何画板等。我们在制作课件时应根据自身基础、课件目的、用途等的不同，选择不同的创作软件平台，也可以将几个操作平台联合起来，互相补充，制作出更好的适合教学的课件。

（二）CAI 课件制作的准备

1. 素材的准备

在所有的环节中，素材的准备工作起着至关重要的作用。

首先，选取素材要遵循以下几条原则：

①要与教学目标相一致，能表现教学内容。课件的制作是为课堂教学服务的，因此，素材的选择要与教学目标符合，并能表现教学内容。例如在制作小学数学《年、月、日》这一课的课件时，可用一首谜语及一副日历画来引入课题，学生通过看图猜谜来获得信息：这节课我们要学习的是有关年、月、日的内容。在教学大小月这一环节时，可以选取一副手的动画，通过图中小棒点手关节的演示，让学生明白如何通过双手来认识大小月，最后，可以让画外音朗读一首小诗，加深学生理解与巩固。这样，选取的素材既紧扣教学目标，表现了教学内容，又激起学生兴趣，营造了一个很好的上课环境。

②符合学生的心理特点。学生在各个年龄阶段的心理年龄特点是不同的，所以，在多媒体课件制作过程中，素材选取要与学生的心理年龄特点相一致。具体来说，使用的图片要求能形象化、卡通化，最好能动起来，那些彩色逼真的画面以及视频、音频经常受到学生的偏爱，因为这样的素材具有生动、直观的特性。例如在《年、月、日》这个课件中，解释"闰年"这一现象时，可以制作一个地坏球绕太阳转的动画，演示每年地球要转365天零7个多小时，这样每四年就多出一天，以此来教给学生知识，让学生能看得清，听得明。又如，在此课的练习部分，电脑对学生答题进行判断时，答对题后的音乐欢快愉悦，画外音会说"你真棒"、"你真聪明"、"好极了"等等，并会出现一个快乐的跳舞的小动物形象，答错题的音乐沮丧，会出来一个垂头丧气的小动物，但画外音会说"再试一试"、"别灰心"，这样，学生在失望之余受到鼓励，会重新答题，整堂课让学生觉得生动有趣，牢牢抓住了学生的注意力，提高了课堂效率。

③素材选取要适度。这里的适度，有两层意思。其一是指同一课件中选取素材的多寡要适度，即不能什么素材都往一个课件里塞。有的老师总认为一个课件中包含的素材内容越多，形式越丰富越好，其实不然，弄不好反而会画蛇添足，分散学生注意力。其二是指选取的素材大小要根据课件情况及电脑硬件情况而定。我们说多媒体课件所使用的素材，均需数字化才能使用，所以数字化的方式不仅影响素材的存储空间，对课件的展示效果也有很大的影响。如果不考虑这个因素，一味地放入各种存储量大，占用内存空间多的素材，会影响课件运行的速度和

效果。

其次，要讲究素材的制作。素材的制作分为以下几个方面：

①文本的制作。小学中多媒体课件的文字一般比较少，可以直接在多媒体编辑工具中输入。如果有大段文字，可在 WORD 中输入，存为 TXT 格式，再在多媒体编辑工具中调用。设计文字的工具可使用 WORD 中的艺术字、PHOTOSHOP 等。

②图形、图像的制作。课件中对图形、图像的要求是比较高的，在构图、形式、色彩等方面要符合小学生的审美特点，可以通过扫描输入、数码相机摄取、屏幕捕捉、从素材库中寻找等多种途径获得，也可用绘画软件进行加工、合成。值得一提的是，图形的保存格式有多种，常见的有 BMP、TIF 和 JPEG 三种格式的文件，相比较而言，其中 BMP 文件容量最大，JPEG 文件容量最小，TIF 文件画质最好，JPEG 文件画质最差，教师可根据自己需要来选择不同格式的文件。

③动画的制作。动画素材可以从网上下载或从素材库中去寻找，也可以用动画软件来编制，如文字动画工具 COOL 3D、平面动画工具 FLASH、立体动画 3DMAX 等。一些简单的动画也可以用多媒体平台中的动画功能来完成。

④音频的制作。课件的音频部分可分为语音、音效、音乐三类。课件中的语音要亲切、甜美，可由专人录制成 WAV 格式，再经编辑工具修改。音乐要轻松，旋律要优美，配以合适的音效可以增强课件的演示效果。一般可选用 WAV、MIDI 这两种格式的文件。

⑤视频的制作。恰当的视频加入会产生良好的课堂效果。采集视频素材可采用非线性编辑系统。一般课件中所播放的视频文件格式为 AVI 和 MPEG 格式。

2. 备课的准备

首先是备教案，教师要根据课程标准、教材特点，决定是否必须使用 CAI 课件。例如在教学数学"6 的认识"时，有位教师制作了一个 CAI 课件，将教材中的小棒、铅笔、小刀等图形进行了多种组合，其实这可以让学生自己利用学具来摆放，通过动手引起兴趣，进行直观教学效果会更好。因此，这样的 CAI 课件，是没有制作的必要的。对于所要制作的 CAI 课件的内容，教师在备课的时候要做到两个突出：①突

出教材的重难点；②突出运用 CAI 课件的必要性，解决常规教学方法不易解决的问题，比如：周长与直径的关系，我们用 AUTHORWARE 软件编制了一个圆在直尺上滚动一周的简单动画，学生就会一下子明白其中的道理。

其次，教师还要备学生，要根据学生的认知特点来确定制作 CAI 的侧重面。如果是低年级学生，教师就要注重课件的形象性、直观性和趣味性；对于中高年级有了一定基础的学生，教师可制作一些内容较深、涉及面较宽的知识，这样在课堂上组织教学时可根据不同班级的教学情景有选择地组织教学，如复习巩固课型且学生自学性较强，这时练习版块可以多些。

最后，老师在上述两项准备的基础上，进行课件设计的总体构思，初步拟定脚本的流程，这样才完成了制作初期的准备工作。

（三）CAI 课件制作对于教师的要求

1. 业务素质要不断提高。CAI 课件不是文本、图像和动画的简单播放，而是教育思想与教学艺术的体现。课件设计的好坏，是实现学科整合的关键，它将直接影响教学效果。为此，教师要不断更新教育观念，改造知识结构，学习现代化教育手段，适应新的教学情况，探索新的教学模式和教学内容，要不断地把前沿科学成果引入到教学内容中，必须主动学习信息技术，开拓眼界，改进教学方法，提高教学效率和效果。

2. 电脑知识要不断更新。电脑知识更新周期快，要树立终身教育思想，CAI 课件的编制应由学科教师完成。这样，在制作过程中，制作的教师可以把握教材的重难点，根据自己的思路随意改动课件内容，使课件不同环节得到更好地衔接，根据学生最易接受的角度，选择尽可能好的教学方法，使自己的授课内容表达得更确切，让计算机发挥最大的作用。

3. 百科知识要不断拓展。美丽的图画、悦耳的声音——视听觉和谐的统一，再加上完整严谨的教材结构，才形成了一个完美的 CAI 课件。想制作出这么一个课件，教师不但在业务和电脑专业上要精钻，而且对各学科也要涉猎颇多才行。一个教师具有良好的审美能力与艺术涵养，也是做一个好课件的重要因素。

（四）CAI 课件制作中应注意的几个问题

1. 平时要注意收集新颖的素材资源。对学生来说，一个课件使用了某些素材，这些素材在另一课件中重复使用，对他们就没有吸引力了，学生也要追求一种新鲜感，新鲜感一过，课件的教学效果就会明显减弱。

2. 界面要友好。设计的课件应有良好的人机对话界面，使用者看到软件，一目了然，很清楚地知道如何使用。还可以设计"知识林""使用帮助""作者简介""本课件设计思想"等内容用小按键放在界面的一角，但不能喧宾夺主。

3. 避免"一按到底"。在设计中应避免设计成按一键，出现下一内容，没有按钮、菜单等可供选择的人机交互方式，避免只能顺序进行，而不能选择自由进退。

4. 采用"积件"式课件。在实际教学中，有时往往只需要课件的某个片段的功能，设计时可将某些功能分别编制成不同小"积件"，教师可以在教学时灵活地模仿搭积木的形式，组织教学。

5. 课件的打包。课件的打包要考虑它的使用环境，打包前最好将课件中用到的图像、声音、视频、动画等素材有秩序地放在统一的目录下，某些课件制作平台对打包后的文件有携带媒体文件要求的，一定要注意放上相应的文件。课件打包后的形式最好是可执行文件形式（即 EXE 文件），并且根据需要做成软盘或光盘，这样可方便使用。

第三节　教学设计的监控与调整

教学设计的各个环节都是为教学目标服务的，若要保证各环节更好地发挥其功能，还需要各个环节及各环节之间的关系不断进行调整。因此，监控与调整就应贯穿教学设计的始终，成为教学设计过程和教学设计执行过程的"监控器"和"调节器"。

一、教学设计监控和调整的内涵

教学设计的监控和调整是借助于敏锐观察、逻辑推理，以批判的态度对教学设计本身和教学设计的执行过程进行控制和调节，以期使教学以最优化的形式达成教学目标。教师成为教学设计监控和调整的"主角"——教学设计监控和调整的主体是任课教师本人。

教学设计监控的内容，一方面，既可以是教学设计本身，也可以是教学设计的执行过程，即对教学过程进行监控和调节，对教学各个环节监控和调节；另一方面，学生也是教师监控和调节的对象，即通过监控和调整教学设计来监控和调整学生的学习行为，反过来，学生现实行为与所设计的标准行为之间的差距为进一步的监控和调整提供了可靠的依据。

二、教师对教学设计本身的监控与调整

在学校中教师是课堂教学的主体，课堂教学设计的结果以教案的形式呈现出来。教师对教学设计本身的监控与调整过程也就是对自己设计的教案的监控与调整。通过自我审查，发现不足，加以调整，弥补不足，经过自我审查的教案才能更正确、更有效地指导实际教学。教师对教案的监控与调整可分为以下几个步骤进行：

（一）收集资料阶段

收集资料是教师对教案进行监控和调整的基础和依据，常采用有利于学生发展的收集资料的方法如下：

1. 参阅文献法。把自己的教案与公开发表的教案比较，找出不足，进行调整。

2. 集体讨论法。集体备课是集体讨论的一种形式。集体讨论易于发现教学设计的不足之处，而且大家可以互相借鉴，共同提高。

3. 专家评价法。与一般教师相比，专家所掌握的教育理论更全面，接触教学案例更多、更广泛，容易发现教学设计的不足。通过专家的点

评，教师能举一反三，触类旁通，从而提高自己的设计水平。

4．试讲法。与实际教学相比，试讲所涉及的学生少，如有不足，影响面不大。因此，试讲是收集材料的一种有效方法。

（二）反思阶段

反思是常伴随着资料的收集，随着资料的逐步完善，反思的程度也在不断加深，进而更准确地发现教学设计的不足。

反思大致有这几部分内容：

1．教学目标符合课标要求吗？

2．所教内容是否满足学生的要求，是否有利于学生的学习动机？

3．学生的起点水平与教学起点是否匹配？

4．教学目标的从属目标系统是否合理？

5．衡量学生的业绩水平的标准是否明确具体？

6．教学策略是否有助于教学目标的达成？是否与学生特点相匹配？

（三）决策阶段

在收集资料和反思中发现的问题是否要加以调整？调整的幅度有多大？这就需教师在全面考虑的基础上进行决策。教师进行决策，大致要考虑以下几个方面：

1．要考虑教学设计的不足可否经过教师的努力加以弥补，加以调整，调整幅度多大？如教学策略不足，教师努力加以弥补，但媒体方面不足不是教师可以独立解决的。

2．要考虑各个问题的重要程度。问题不是一下子都能解决，要考虑顺序，量力而行，分清轻重缓急。

综上所述，设计的不合理常常导致行动的偏差，正所谓"失之毫厘，谬以千里"，所以教师应用批判的态度、审视的眼光看待自己的教学设计，避免实际教学中的错误。

三、教师对教学过程的监控与调整

对教学过程的监控和调整涉及教学的各环节，贯穿于教学的始终。

（一）收集资料阶段

发现教学过程中的不足不仅依靠教师自己敏锐的观察力，还依顺于

从各方面获得的信息。获得信息的方法包括：

1. 形成性评价法。这是在教学过程中了解学生状况、教师教学效果的重要手段。通过形成性评价，教师可以了解以下信息：学生对教学内容了解的总体情况；学生对各部分内容掌握的情况；学生掌握不好的原因；哪些错误是典型的，哪些错误不具有普遍性；学生对教学内容掌握程度与课程标准要求是否一致等。

2. 调查法。可以更深入了解学生对所授内容掌握不好的原因，以及学习态度方面的问题。调查法可分为个别调查和群体调查。

3. 录像回放法。把教师的教学过程进行录像、回放，让教师本人发现自己的不足，教师可以更直接更清楚地了解自己。

4. 他人现场评价法。任课教师邀请专家或其他老师听课，课后请专家或其他老师评价。

（二）反思阶段

教学过程中或教学结束后的反思，可以帮助教师及时调整教学过程，使教师在今后的教学设计过程中避免犯以前犯过的错误。一般地，在这个阶段反思内容包括：教学材料是否过于陈旧？所设计的教学活动是否引人入睡（是否引起学习者的兴趣）？是不是呈现方式无法被接受（无法调动学习者的高潮）？是不是教学的质与量无法促进学习？如果对这些问题的回答是否定的，表明教学设计是合理的，否则需要及时调整。

（三）决策阶段

教师要考虑的是要调整的部分是不是必须要调整？怎样调整？可以从以下三方面加以考虑：

1. 教学过程中凸显的问题是不是由于教学设计不足造成的？例如，由于对学生起点行为测量的不准确造成的教学效果不良，是由教学设计引起的；而由于噪音干扰引起的教学效果不良，则难以通过教学设计解决。

2. 由教学设计引发的问题有没有解决的可能性，最佳的解决方式是什么？例如，起点行为水平的确定是以平均水平为标准，学生就会出现"吃不饱""吃不消"的问题，解决教学设计问题，可调整教学方式，采用分层式教学方式。

3. 教学设计中哪些问题需要优先解决？例如，学生对学习内容不感兴趣，致使学习效果下降的问题就需优先解决。

只有在教学的全过程中，对教学设计本身和教学过程不断进行监控与调整，才能逐渐使教学设计达到最优化。

第七章
教学评价设计

　　教学评价是指以教学目标为依据，制定科学的标准，运用一切有效的技术手段，对教学活动的过程及其结果进行测定、衡量，并给以价值判断。教学评价一般包括对教学过程中教师、学生、教学内容、教学方法手段、教学环境、教学管理诸因素的评价。但主要是对教师教学工作过程的评价和学生学习效果的评价。

第一节　教学评价的概述

　　评价是一把双刃剑，它就像指挥棒一样，指挥着教学工作的展开，因此，为什么要进行教学评价，怎样进行教学评价，应遵循哪些基本原则是我们必需要把握的。只有明确方向，评价才能有针对性，发挥真实效。

一、教学评价的功能

（一）导向功能

　　评价就是一个指挥棒，它指向哪里，学校的教育教学工作就向哪个方向努力。按照教育方针，课程计划规定的学校培养目标，各学科课程标准规定的教学目的、任务、内容，是教学评价的基本依据，它们是通过教师的教和学生的学的具体活动实现的。在评价过程中，把师生的活动分解成若干部分，并制定出评价标准。根据这些标准判定师生的活动是否偏离了正确的教学轨道，偏离了教育方针和教学目标，有无全面完成各学科课程标准规定的目的和任务，从而保证教学始终沿着正确的方向发展。教学评价有利于各级各类学校端正教学指导思想和办学方向。

（二）诊断功能

评价是对教学结果及其成因的分析过程。借此可以了解到教学各方面的情况，从而判断它的成效与缺陷、矛盾和问题。全面的评价不仅能估计学生的成绩在多大程度上实现了教学目标，而且能解释成绩不良的原因，如学校、家庭、个人、社会等方面是主要因素。就学生个人来说，主要是由于智力因素的影响，还是学习动机与非智力因素的影响，抑或是两者兼而有之。教学评价如同体格检查，是对教学现状进行一次严谨的科学诊断，以便为教学的决策或改进指明方向。

（三）激励功能

评价对教学过程有监控和控制作用，对教师和学生则是一种促进和强化。通过评价反映出教师的教学效果和学生的学习成绩。经验和研究表明，经常对学生在一定限度内进行纪录成绩的测验，对学生的学习动机具有很大的激发作用。这是因为较高的评价能给教师、学生以心理上的满足和精神上的鼓励，激发他们向更高的目标努力的积极性，即使较低的评价，也能催人深思，激发师生奋进的情绪，起到推动和督促作用。

（四）教学功能

教学评价本身也是一种教学活动。在这种活动中学生的知识、技能将获得长进，甚至产生飞跃。如测验就是一种重要的学习经验，它要求学生要先对教材进行学习，巩固和整合已学到的知识、技能，然后对试题分析，又可以确认、澄清和纠正一些观念。另外，教师可以在估计学生水平的前提下，将有关学习内容以测试试题的形式呈现给学生，使题目包含某些有意义的启示，让学生自己探索、领悟、获得新的学习经验或达到更高的教学目标。

（五）调控功能

评价结果必然是一种反馈信息，信息工程学表明，只有通过反馈信息来调节行为，才有可能达到一定的目标。这种反馈信息可以使教师及时知道自己的教学情况，教师可以根据反馈信息修订教学计划，改进教学方法，完善教学指导，变更学习策略，改进学习方法；学生获得反馈信息，能加深对自己当前学习状况的了解，确定适合自己的学习目标，得到学习成功和失败的体验，从而调整自己的学习，增强学习的自觉性。可见教学评价为师生调整教与学的行为提供客观依据。

（六）发展功能

科学的教学评价是教学工作决策的基础，只有对教学工作有全面和准确的了解，才能作出正确的决策，评价有利于教学工作的全面开展，有利于教师的长远发展。同样，评价自然也有助于学生对知识的掌握，有助于学生智力因素、非智力因素、个性与健全人格的主动、全面、健康的发展。

二、教学评价的种类

教学评价依照不同的评价标准，可作不同类型的划分。按评价基准不同，可分为相对评价、绝对评价和自身评价；按评价功能的不同，可分为诊断性评价、形成性评价和总结性评价；按评价内容的不同，可分为过程性评价和成果性评价；按评价分析方法不同，可分为定性评价和定量评价。

（一）相对评价、绝对评价和自身评价

1. 相对评价

这种评价是在被评价的对象的群体中或集合中建立基准，然后把各对象逐一与基准进行比较，来判断群体中每一成员的相对优劣。对学习成绩的评价通常是以群体的平均水平为基准，以个人成绩在这个群体中所处的位置来判断。为相对评价而进行的测验一般称作常模参照测验，它的试题取样范围广泛，命题方式直接、明确，测验成绩表明学生的相对等级。这种测验的成绩自然形成正态分布：

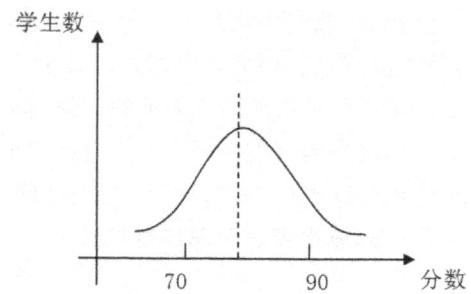

优点：利用相对评价来了解学生的总体表现和学生之间的差异或比较群体学生成绩的优劣是相当不错的，便于学生在相互比较中判断自己的位置，激发竞争意识。

缺点：基准会随群体的不同而发生变化，因而易使评价标准偏离教学目标；不能充分反映教学上的优点和为改进教学提供依据。

2. 绝对评价

这种评价是将教学评价的基准建立在被评价对象的群体和集合之外，把群体中每一成员的某种指标逐一与基准进行对照，从而判断其优劣，教学评价的标准一般是课程标准以及由此确定的评判细则。为绝对评价而进行的测验一般称作标准参照测验，它的试题取样就是预先规定的教学目标，测验成绩主要表明教学目标的达成程度。所以这种测验的成绩分布通常是偏态的。

优点：评价标准比较客观，使用得当，可使被评价者都能看到自己与客观标准之间的差距，以便不断向标准靠近；教学管理部门通过这种评价直接鉴别各项教学目标的达成情况，明确今后工作重点。

缺点：在制定和掌握评价标准时，容易受评价者原有经验和主观臆断影响，也不易分析出学生之间的学习差异。

3. 自身评价

自身评价也叫个体内差异评价，这种评价既不是在被评价群体之内确立基准，也不是在群体之外确立基准，而是以评价对象自身状况为基准，对评价对象进行价值判断的评价方法。在这种方法中，评价对象只与自身状况进行比较，包括自身现在成绩同过去成绩的比较，以及自身不同侧面的比较（如将学业测验结果与智能测验结果相比较，根据二者的相关程度确定学生的努力程度等）。

优点：尊重个性特点，照顾个别差异。通过对个体内部的各方面进行纵横比较，判断其学习现状和趋势，力图减轻评价对象的压力。

缺点：由于被评价者没经过与相同条件下的其他同学比较，难以判断他的实际水平与差距，容易导致信度降低，学生自我满足，激励功能不明显。因此，在实际中常把自身评价与相对评价、绝对评价结合起来使用。

（二）诊断性评价、形成性评价和总结性评价

1. 诊断性评价

这种评价也称教学前评价或前置评价。一般是在某项教学活动开始之前，对学生知识、技能、智力和体力以及情感等状况进行"摸底"。通过预备性测验，了解学生的实际水平和准备状况，判断他们是否具有实现新目标的必需的基本条件，为教学策略提供依据，使教学活动适合学生的需要和背景。

诊断性评价的目的是设计可以满足不同起点水平和不同学习风格的学生所需的教学方案，并分别将学生置于最有益的教学程序中。

2. 形成性评价

这种评价是在某项教学活动的过程中，为使活动效果更好而不断进行的评价。它能及时了解阶段教学结果和学生学习的进展情况，存在的问题等，以便及时反馈，及时调整和改进教学工作。

形成性评价进行得较频繁，如章节或单元之后的小测验，目的是判断前期工作的达标情况（一般为绝对评价）。教学设计活动中的评价主要是形成性评价，如对新的教学方案进行评价，通常是在该方案的试行过程中进行的，目的是为了修改该方案，收集有力的数据和资料。

3. 总结性评价

总结性评价是以预先设定的教学目标为基准，对评价对象达成目标的程度即教学效果作出评价。总结性评价是在教学告一段落时为把握活动最终效果而进行的评价，注重考察学生掌握某门学科的整体程度，概括水平较高，测验内容范围较广，常在学期中或学期末进行，次数较少。

总结性评价注重的是教与学的结果，借以对被评价者所取得的较大成果做出全面鉴定，区分等级和对整个方案的有效性作出评定。

为了提高教学质量，重视形成性评价比重视总结性评价更有实际意义。

（三）过程性评价和结果性评价

过程性评价：主要是关心和检验用于达到教学目标的方法和手段，

关注学生学习过程中的学习方式，通过对学习方式的评价，将学生的学习方式引导到深层式的方向上来。

结果性评价：主要是在教育活动结束后为判断其效果而进行的评价，是关心和检查计划实施后的结果，一个单元、一个模块或一个学期学年、学段的教学结束后对最终效果所进行的评价都可以说是结果性评价。

（四）定性评价和定量评价

定性评价：是对评价作"质"的分析，选用分析和综合、比较和分类、归纳和演绎等逻辑分析的方法，对评价所获取的数据资料进行思维加工。

定量评价：是从量的角度运用统计分析、多元分析等数学方法，从复杂纷乱的评价数据中总结出规律性的结论。

在教育教学评价中，定量评价数据清晰、直观、一目了然，在定量评价的基础上再进行定性评价才能更有说服力，所以评价中常将定量评价与定性评价结合起来运用。

三、教学评价原则

（一）客观性原则

在进行评价时，从测量的标准和方法，到评价者所持有的态度，特别是最终的评价结果都应符合客观实际，不能主管臆断或参入个人情感。

做到：以科学可靠的评价技术为工具，取得真实可靠的数据资料，以客观存在的事实为基础，实事求是，公正严肃地进行评定。

（二）整体性原则

在评价时，对组成的教学活动的各个方面作多角度、全方位的评价，不能以点代面，以偏概全。

做到：评价标准全面，尽可能包括教学目标的各项内容；把握主次，区分轻重，抓住主要矛盾。

（三）指导性原则

在评价时，不能就事论事，而应把评价和指导结合起来，不仅使被评价者了解自己的优缺点，而且为其以后的发展指明方向。也就是对评价结果进行认真分析，从不同角度查找因果关系，确认产生的原因，通过反馈，使被评价者明确今后方向。

做到：不能随意缺乏根据地评论；反馈及时，指导明确；具有启发性，留给被评价者思考、发挥的余地。

（四）科学性原则

在评价时，不能光靠经验和直觉，只有科学合理的评价才能对教学发挥指导作用，科学性要求评价目标或标准的科学化、评价程序和方法的科学化。

做到：从教学的角度出发，以教学目标体系为依据，确定合理统一的评价标准；推广先进的测量手段和统计方法，对数据资料处理严谨；最后对评价工具认真编制、修订，达到一定指标后再使用。

四、评价在教学设计中的地位

（一）评价是教学设计活动的有机组成部分

评价活动贯穿于教学设计的各个环节，在实施时间上没有严格的先后次序，它是由评价对象的要求而定的，是与教学设计的各个环节密切联系的。例如，在建立教学目标体系后，往往马上进行目标价值的判断，使之成为以后评价教学成果的标准。

（二）评价使教学设计及其成果更趋有效

评价活动可以为教学设计者提供决策信息。如初始决策中的人力、物力、费用、需求等信息，及优化决策中的依据专家、领导的意见，对初步制定的教学计划修改完善。可以说没有评价环节，教学设计成果也难以达成真正完美。

（三）评价能调节设计人员的心理素质

教学设计中的评价环节是对设计者工作成果的价值观念进行认同的重要措施，评价中表明自己的价值被认同，是对他们最直接、最有力的奖赏，使其心理获得成功感、满足感，提高积极性、创造性。

第二节 教师教学评价

教学评价必须有一个比较统一的评价指标。美国教育评价专家米德尔提出学校评价的两个要素：第一，必须具有标准准则或教学质量的特征的描述；第二，必须具有一个程度恰当的判断，以判断学校符合这些特征、准则和标准的程度。

一、教学设计成果的评价指标

教学设计是一项系统工程，教学目标的设计、教学内容分析、学生分析、教学策略的设计、试题编制、教学材料的选取，各环节相互影响，相互制约，效果如何要由教学设计评价来给予价值判断，教学设计成果由教学设计方案和课堂教学效果共同呈现。结合前面各章的内容设计，教学设计成果评价可参见评价量表（表7—1）：

表 7—1　教学设计成果评价量表

评价的维度		标准1	标准2	标准3
教学设计方案（60分）	课题概述（5分）	优（4—5分）	良（2—3分）	一般（0—1分）
		对教材版本、学科、年级、课时安排有清晰的说明 对学习内容和本节课的价值及重要性介绍清晰	能够说明课的基本情况，以及课的意图	陈述不习，繁琐
	教学思想（10）分	优（8—10分）	良（5—7分）	一般（0—4分）
		体现了教师主导，学生主体的教学思想 尊重学生差异 体现学科教学的先进思想	在一定程度上体现了先进的教学思想	教学思想没有体现或比较陈旧

139

评价的维度		标准1	标准2	标准3
教学设计方案（60分）	学习目标分析（10分）	优（8—10分）	良（5—7分）	一般（0—4分）
		与学习课题相关 与课程整体学习目标一致，体现知识与技能、过程与方法、情感态度与价值观三维目标 符合年段特征 体现对学生综合能力尤其是创造性思维能力、解决问题能力的培养 目标阐述清楚、具体，可评价	与学习课题相关 与学段学习目标基本一致，体现知识与技能、过程与方法、情感态度与价值观三维目标 能体现学生综合能力，尤其是问题解决能力的培养 目标阐述比较清楚、具体	目标空洞，和学习主题相关性不大，与学段学习总目标不一致
	学习者特征分析（5分）	优（4—5分）	良（2—3分）	一般（0—1分）
		详细列出学生所具备的认知能力、信息技术技能、情感态度和学习基础等 对学习者的兴趣、动机等有适当的介绍	列出部分学生的特征信息	信息或表述不清楚或缺少许多
	教学过程设计（20分）	优（16—20分）	良（10—15分）	一般（0—10分）
		设计合理的教学任务和教学策略 教学策略内容和形式丰富、多样，便于发展学生的多种智能，体现自主、合作、探究的学习方式 各教学环节的操作描述具体，有清晰的目标说明 各教学策略体现了学习者特征，有利于教学目标的落实 活动设计具有层次性，体现对学生不同阶段的能力要求，尊重学生之间的差异性	教学策略与目标基本统一，围绕总体目标的实现展开 教学策略内容和形式丰富、多样，便于发展学生的多种智能 教学策略要求明确，对师生的要求比较具体，可操作性较强	教学策略目标与总目标多处不一致，不能有效实现总目标，形式单一，任务描述和对师生的要求不清楚，缺乏层次性和差异性

评价的维度		标准1	标准2	标准3
教学设计方案（60分）	教学评价（5分）	优（4—5分）	良（2—3分）	一般（0—1分）
		设计可操作的评价方式 体现形成性评价和过程性评价的观点	提供了教学评价，且清晰明了	未提供教学评价，或采取的评价方式不当
	学习环境和支持说明（5分）	优（3分）	良（2分）	一般（0—1分）
		清楚地说明课题学习所需的资源（人力、信息资源、工具等）的支持，以及学习环境	能够说明课题学习所需的资源（人力、信息资源、工具等）的支持，以及学习环境	陈述无力，繁琐
教学资源（40分）	资源内容（30分）	优（24—30分）	良（15—23分）	一般（0—14分）
		针对教学现状和学习目标，选择合适的教学媒体 表现形式合理，简洁明了，具有很强的表现力 能支持学生的探究（资源要以多媒体、超链接方式，工具要便于学生自主操作） 技术表现形式合理，符合学习者的年龄特征和学科特点 没有无效信息或无关内容，没有不当的表现手段 能充分体现技术的优势，综合多种媒体的优势 根据学生的特点、任务的特点，既有预设资源，又有相关资源（提供网址链接和参考书目）和泛在资源 尊重知识产权，说明资源来源和出处	综合考虑各种教学媒体，选择合适的媒体组合 表现形式基本合理，简洁明了 与主题相关 表现形式合理，基本符合学习者的年龄特征和学科特点 无效信息和无关内容不多 技术的优势明显，预设资源比较丰富，相关资源提供了网站链接 尊重知识产权，说明资源来源和出处	未考虑多种教学媒体的组合 媒体选用形式不当 大量资源与主题相关性不大或内容比较少，无法支持整课的学习 资料没有经过精心的加工，有很多无关信息或无关内容 表现形式不当，不利于学生探究 多处资料没有出处

评价的维度		标准 1	标准 2	标准 3
教学资源（40分）	技术实现（10分）	优（4—5分）	良（2—3分）	一般（0—1分）
		导航清晰无错误链接图文清晰	导航比较清晰无错误链接图文比较清晰	导航混乱，图形模糊，错误链较多

来源于：http://yaowenzhang74.blog.163.com/blog/static/105087050200911259529300/

二、课堂教学评价基本要素

课堂教学效果的基本因素大致包括目标、学生、教师、教材、方法、管理等。

（一）与教学目标因素有关的要素

1. 符合课程标准和学生实际。符合课程标准的要求，包括知识与技能、过程与方法、情感态度与价值观等方面与学生的心理特征和认知水平相适应，关注学生的差异。

2. 可操作的程度。教学目标明确、具体，可操作。

（二）与学生因素有关的要素

1. 可以从表情上分析学生对讲课内容和速度的适应性。例如：与教师讲课速度同步；与教师讲课速度不同步，嫌快嫌慢；对讲课内容感到费解等。这些情况在全班同学中各有多少人，所占比例如何？

2. 从课堂提问中分析学生对功课的理解程度。例如：学生对提出问题的最初反应是热烈、高兴、很快举手，还是很不主动但做了思考，或是不理会，或回避甚至恐惧，学生回答时的反应是思路敏捷、叙述流畅、答案正确，还是表达了思想但答案不完全正确，或是思路不流畅、叙述不清、回答错误。这些情况在全班各占多少人，所占比例如何？

3. 从课堂秩序上分析学生对学习的注意或投入程度。例如：学生是积极主动地围绕教师的讲课和提问思考，在良好的秩序下相互讨论，还是虽然气氛平静，但注意力不完全和讲课同步，或是不太安静，有各种各样注意力涣散的表现。

（三）与教师因素有关的要素

1. 教学能力方面。可以从讲述内容中判断教师的专业水平，从选择教材上判断教师汲取、处理和传递知识的能力；从讲授的准确程度和严谨情况上判断教师的逻辑思维能力；从讲解时能否随机应变判断教师对学生反映的敏感程度和及时调整能力；从教学全过程的整体素养上判断教师是否经过系统的师范教育训练。

2. 课堂控制能力方面。从课堂纪律状况分析教师控制课堂水平，了解是外在因素还是内部因素影响教学过程；从偶发事件处理的效果推断教师维持教学秩序的能力。

3. 教学行为方面。从教态是否自然、大方、亲切，判断师生感情的融洽程度和教学气氛的和谐程度；从语言是否生动流畅、文字是否规范、简明，板书是否工整、美观，判断教师的教学基本功。

4. 心理特征方面。可以从学生对教师角色期望衡量教师所应具备的心理品质。

（四）与教材因素有关的要素

1. 可以从教材体系与学生实际水平之间的差距、弥合程度判断其是否符合教学目标，是否有助于培养逻辑思维能力，是否对日常生活有实用价值。

2. 从授课过程中判断是否精选了教材，选材是否根据学生的兴趣和学科特点。

3. 从讲授内容上判断知识体系是否完整，条理是否清晰，层次是否分明，是否注意到了先呼后应、触类旁通。

4. 从教材难易程度上判断重点是否明确，难点能否解决。

（五）与教学方法有关的要素

在教学方法方面，要判断所选用的方法是否符合学生的特点和教师特点；能不能维持学生的兴趣和注意；能不能促进学生的理解和记忆；对排除影响教学顺利进行的智力障碍和情绪障碍有没有好处；能给学生带来多大的满足感。

（六）与教学管理因素有关的要素

在教学管理方面，要判断学生是否有学习的需要和要求，学生是否乐意在这位教师的指导下学习；课堂秩序是否稳定，纪律是否严明；对

偶发事件是否处理得当。

三、课堂教学评价基本要求

（一）教师评价和学生评价相结合

在课堂上学生是学习的主体，他们也应成为评价的主体，这样更有利于激发学生学习的兴趣，从而主动参与学习过程；有利于促进学生知识的形成，从而牢固地掌握知识，灵活地运用知识；有利于培养学生学会倾听，学会思考，懂得辨析，从而养成良好的学习习惯。可见，课堂教学对学生的评价必须把教师评价和学生评价结合起来。

所谓教师评价，就是教师在课堂中适时对学生的言行作出判断，并正确地分析，同时用言语或动作表达出来。可见，在课堂教学中教师的评价是必不可少的。而学生评价是多渠道的，方法是多样化的。可以是学生之间的互评，学生对自己参与评价他人这一方式总是很感兴趣，在评价他人的过程中也更明确了评价的标准和要求。通过参评，使他们真正能信服那些好的、优秀的同学，同时真心地愿意向他们学习，争取做得更好。也可以是自我评价，让学生进行自我评价，可以促进他们更好地反思自己在学习过程中的成功与不足之处，充分地认识自我，从而促使他们学习的主动性、自尊心和特长得到最有效的张扬。同时也可以加强学生自我肯定、找出解决问题的有效方法，更是培养学生主动学习、自我监督、自我调节的有效途径。学生通过自评发现的问题，在以后的学习中会更加自觉地加以克服。在学生自我评价的基础上，教师再根据实际情况给予评价，这样把教师评价和学生评价相结合，可以使老师在学生面前更具有亲和力，同时也体现了课堂上真正的民主性。

（二）及时评价和延缓评价相结合

学生的发言很精彩，教师会及时地把肯定的评价送给他；如果发言是错误的，或者有欠缺，那教师又如何处理呢？学生之间在发展上必然存在个性差异，我们应允许一部分学生经过一段时间的努力，再达到目标。所以在学生回答问题出现错误或不全面时，教师不要急于评价，而是根据学生理解不正确或不完善的地方，给予点拨，引发学生思考和讨论，最后明确认识，经历一个自悟自得的创新过程。这就是延缓评价的作用。及时评价，能适时发现、捕捉学生的闪光点；而延缓评价尊重了学生的个性差异，保护了学生的自尊心和学习兴趣。教师应灵活把握课堂中的时机，进行及时评价或延缓评价。两种评价相结合，让学生不断体验进步与成功，从而更好地认识自我，建立自信，快快乐乐地学习。

（三）激励性评价和建议性评价相结合

激励性评价可以是对优秀的反馈信息的肯定，如某个学生发现的结论正确甚至很有独创性，回答问题正确流利、完整，教师评价："某某学生善于观察思考，说得真精彩！"还可以是对进步的激励，如平时不爱发言的学生发言了，计算最粗心的学生板演正确了，后进学生能主动参与课堂学习过程了，教师要善于从学生的反馈信息中，敏锐地捕捉到其中的闪光点，并及时给予肯定和表扬，使他们在引导激励下看到自己的能力和进步，从而增强学习信心。心理学家伯利纳通过实践证明：受到激励的学生学习劲头十足，学习成绩不断提高；而缺乏激励的学生，学习没有劲头，学习成绩有下降趋势。因此在教学活动中，教师要从多角度发现学生值得称赞之处，努力寻找不同层次的学生个性化的闪光点，给予激励性的评价，以调动学生学习的积极性，激发自信，让学生体会到成功，享受到尊重。

激励性评价着眼于学生学习兴趣的调动和培养，有利于肯定学生主动积极的学习状态和富有成果的学习成效，有利于调动学生学习的动机。那是不是我们的课堂就只需要表扬和激励，对于出现的问题也用激励去粉饰呢？这当然不行。过度的赞美、激励会让学生盲目自大，从而不能正确评价自己，经不起挫折，对学生的成长也是不利的。所以在课堂中针对个体差异，给学生适当的批评和建议，既能让学生明辨是非，学会评价，又可为批评和建议后的激励性评价打下基础。其实，教师的教学和语言艺术可以让学生在不知不觉中接受了建议而又受到了鼓励。

（四）智力因素评价和非智力因素评价相结合

智力是指学生认识事物和运用知识、经验解决问题的能力。它包括观察力、记忆力、想象力和思维力等心理因素。这些心理因素在学习方面外化的产物是学生的发现能力、分析能力以及综合运用知识的能力

等。非智力因素是指那些不直接参与认识过程，但对认识过程起着始动、定向、引导、维持、强化作用的心理因素，包括情感、态度等。有专家认为，非智力因素对于智力活动的结果产生着重要的影响，智力活动的成功，主要取决于非智力因素。

课堂教学中，学生对于问题的回答或解决，是智力因素的直接反映，教师如果只停留在表面，仅作出智力性评价，而忽视其取得成果背后的非智力因素，那就无法获得更好的导向作用。两种评价的有效结合，在不知不觉中渗透了良好的学习习惯，使学生的素养得到全面的提高。

四、课堂教学评价的方法

课堂教学评价的方法很多，本节主要选取最为常用的几种方法来介绍。

（一）随堂听课

随堂听课评价法是目前采用的最主要的评价方式。它主要用来评价教师的教学能力与教学效果。

采用随堂听课这种方法，通常要做好以下几个方面的事情。

第一，听课准备。

在听课之前，评价者需要了解所听课的教学主题、教学目标、教学内容和教学设计等，明确听课的重点。此外，也可以让被评价者了解评价的主要内容，这有助于消除被评价者的焦虑，让其能够尽量保持教学的自然状态，减少人为表演的成分。

第二，课堂观察。

课堂观察可以是结构性观察，也可以是非结构性观察。所谓结构性观察是在听课前对要观察的内容进行详细计划，在听课中进行重点观察。而非结构性观察主要指在进行课堂教学观察时如实记录所发生的所有细节。

第三，课堂记录。

课堂记录是伴随课堂观察进行的，它是重要的教学资料也是教学指导与评价的重要依据，要求记录时应尽可能把课堂教学过程中发生的所有内容都完整地记录下来，当然也可以有重点地进行记录。在记录过程中还要注意对一些非预期事件的记录，并对这些事件及其处理方式尽量清楚地记录。这有助于对教师真实的教学理念、教学水平进行分析。

第四，评价结果的反馈。

对教师的评价结果的反馈通常在课后进行。一般来说，评价面谈包括下面几个步骤：（1）明确评价面谈的目的，这有助于消除被评价者的顾虑，让其能够畅所欲言；（2）让被评价者阐述本节课的总体安排、设想及其实现的程度，并对照评价标准进行自我评价；（3）评价者根据听课记录指出这节课的优势和不足，依据评价标准进行初步的评价，提出改进的意见；（4）在被评价者对评价者所做的评价和建议基础上，二者就双方存在分歧的问题展开讨论；（5）双方达成共识后，提出对以后课堂教学的要求。

（二）标准化测验

标准化测验是指经过标准化程序的测验，它已具备常模、效度、信度、施测程序和计分方法等基本条件。这是进行学业测试的传统方式。标准化测验要经历一系列的基本程序。

第一，明确测验目标。通常测验目标就是教育目标，它是教、学、评、督、考的共同依据。第二，确定测验内容。通常这是在内容抽样和测验目标的基础上形成的。一般而言，这个过程由双向组目表来确定测验内容中所涉及的每一内容范围的相对比例、测验目标中每一层次目标的相对比重、每一测验目标层次在每一测验内容范围上的相对比重。第三，测验设计。测验设计主要包括以下几方面的工作：（1）测验形式的确定，即测验采用何种形式的问题；（2）测验题目形式的确定，主要有主观题和客观题两种类型；（3）测验具体题型的确定与题目编制，即确定主观题和客观题的具体形式并进行相应的题目编制；（4）测验题目的确定；（5）测验时间的确定；（6）测验题目的编排。第四，测验的技术分析与鉴定。测验的技术分析与鉴定主要包括以下三个程序：编写复本与进行预测；测验的质量分析；测验的标准化。

（三）量表评价法

量表评价法是传统课堂评价中经常采用的方法。它是指通过编制评价量表，把要评价的指标列出，来对课堂教学进行评价的方法。其基本结构主要由两大部分构成，一部分是规定考核内容的指标体系，另一部分是表示各种指标相对重要程度的权数体系。在课堂教学评价中使用量表评价法时，量表中的指标体系是评价的基础。这些指标通常是指具体的、可测量或可观察的评价内容。权重是指根据各组成指标在指标体系中的重要性和作用大小，所分别赋予的不同数值。权重代表了评价指标的重要性程度。如表 7－2 所示：

表 7－2 课堂教学评价参考表

评价项目	评价要点	分值	评分
教学目标	1. 三维目标整体设计合理 2. 知识目标明确具体 3. 能力目标操作有据 4. 情感态度价值观目标渗透全方位	10	
教学环节	1. 创设情境生动 2. 课堂活动参与 3. 学法指导具体 4. 情感氛围浓厚 5. 环节过渡自然	15	
教学策略	1. 激励性策略：民主平等、融洽和谐 2. 指导性策略：因材施教、循序渐进 3. 研究性策略：问题意识、研究意识	10	
学生状态	1. 学习状况：积极参与、独立思考、自由表达、主动探索 2. 学习方式：被动→主动；个体→合作；接受→探究 3. 学习体验：自悟、觉悟、感悟、醒悟 4. 学习能力：理解思考、分析归纳、合作交流、质疑批判	25	

评价项目	评价要点	分值	评分
教学氛围	1. 面向全体，关注个体、民主平等 2. 多向互动，形式多样 3. 鼓励提问、讨论和回答问题 4. 关系和谐，氛围轻松	10	
问题探究	1. 问题设计符合四个实际（学龄、生活、教材、考试） 2. 问题内容具有发散性、类比性、迁移性 3. 问题的呈现恰当、自然 4. 问题的设置激趣、质疑 5. 提供恰当的方法、材料、时间进行探究 6. 鼓励学生发现新的有价值的问题	10	
教学效果	1. 教学目标的达成程度 2. 教学效果的满意度 3. 教学效率的控制度 4. 教学效益的最大度 5. 教学问题的生成度	15	
教学特色	1. 教学设计有特点 2. 教学生成抓重点 3. 教学机智显亮点 4. 教学智慧求妙点	5	

资料来源：《课堂教学评价参考表》，见豆丁网站，2011 年 1 月 26 日。

（四）课堂观察与调查

课堂观察是搜集资料、分析教学实施的有效性、了解教学与学习行为的基本途径。课堂观察的内容包括：班级规模以及教室的空间布局等因素对学生认知、情感、态度和行为的影响，师生交往的方式，教师提问的次数和问题类型以及学生对问题的反应，教学过程的开放性和生成性。

调查也是一种非常重要的获取课堂教学评价信息的手段。调查法是指调查者以正确的理论与思想作指导，通过访谈、开座谈会、问卷、测验等手段，有计划地广泛了解有关的成果和经验、问题和教训，并在大

量掌握材料的基础上，进行分析综合，得出科学的结论，以指导今后的教育实践活动。调查法一般是在自然的过程中进行的观察。

五、课堂教学评价的过程

一般而言，课堂教学评价可以分为三个阶段。

（一）准备阶段

进行课堂教学评价首先要做好评价方案准备、人员准备。在这一阶段，要对评价目的、具体目标、评价的内容、范围、评价具体步骤、使用的方法手段和预期结果作充分准备。另外，谁是评价的主体，参与评价人员是否合格等问题也是在评价前需要明确的。

（二）实施阶段

在这阶段的主要任务是，运用相应的评价方法、手段、工具、仪器等各种技术收集各种课堂教学的相关信息，并在整理评价信息的基础上作出价值判断。首先，要慎重地选用评价工具如评价表、量表、问卷等，因为它的科学性直接影响到信息收集的有效性。其次，对收集到的评价信息要进行分类、整理。这一过程主要目的是为了对收集到的大量信息进行审核，便于下一步的分析。再次，要分析评价信息。在分析的过程中要掌握评价标准及评价的具体要求，并判断评价信息是不是被评价对象的真实反应。使用事先规定的分析方法来处理评价信息，并在评价结果中要给出明确的相应分数、等级或定性描述等评价意见。同时也应该对评价者的测量或观察结果进行认定、复核。最后，作出综合评价。将各项评价的结果进行进一步的汇总，得出最终的综合评价结果。要对评价对象作出较准确、客观的定量或定性的评价结论。

（三）评价结果的处理与反馈阶段

评价结果的处理和反馈通常包括以下几方面的内容。第一，评价结果的检验。在这一过程中要对评价程序的每个步骤是否全面、准确地实施了评价方案以及评价结果是否合理进行检查。第二，分析诊断问题。评价的目的是为了有效地促进课堂中的教与学，因此要帮助被评价对象找出存在的问题以及问题的症结所在。第三，撰写评价报告。评价报告一般包括封面、正文和附件。封面部分要提供下列信息：评价方案的题目、评价者的姓名、评价报告接受者的姓名、评价方案实施和完成的时间、完成报告的日期。正文则包括评价报告综述、评价方案的背景信息、评价方案实施过程、评价结果及其分析、最终结论与建议这五部分。附件可以附上收集到的信息及分析量表等等。第四，反馈评价结果。在这一阶段，一方面要将评价结果返回给被评价对象，以引导、激励评价对象不断改进自己的教育教学工作，另一方面也可将评价结果返回给上级主管部门，为其提供教师或教育管理决策依据。反馈评价结果的方式有多种，如座谈会、个别交谈、书面报告等。

第三节　学生学习评价

当代教学评价认为：学生是评价的中心对象。并通过评价努力促使学生个性充分发展，主张从每个学生发展的内在需要和实际状况出发，评价他们各自的发展过程，并通过评价促使他们向着更高、更美、更远大的方向努力。教师在评价学生过程中要树立正确的教学观、学生观和质量观，转变评价观念。

一、转变评价观念

（一）从评价功能上看，要由重甄别和选拔向重促进学生全面发展转变

传统的评价把优异的成绩给予极少数的学生，其余只能获得较低成绩。把评价变成一种甄别过程，而新的评价把评定看作课程，它不是为了给出学生在群体中的位置，而是为了让学生在现有基础上谋求实实在在的发展。如小学考试建议取消分数，采用等级制，平时可采用红花、火炬、红旗加简单批语等形式对学生进行评价；有些地区中考改变一张卷定乾坤的做法，分三次进行考试，学生感到自己的前一次成绩不理想，经努力准备可以重考；有些学校对特长生进行特别考试，展示学生的才华。

（二）从评价时间上看，由重终结性评价向重形成性评价转变

教学形成性评价是相对于传统的终结性评价而言的。所谓形成性评价，"对学生日常学习过程中的表现、所取得的成绩以及所反映出的情感、态度、策略等方面的发展"做出的评价，是基于对学生学习全过程的持续观察、记录、反思而做出的发展性评价。其目的是激励学生学习，帮助学生有效控制自己的学习过程，使学生获得成就感，增强自信心，培养合作精神。形成性评价使学生从被动接受评价转变成为评价的主体和积极参与者。

（三）从评价内容上看，由单一评价转向多元评价

学生的成长、发展是多方向的，它包括知识、智力、人格、非智力、个性等诸多方面，那么对学生的评价就更不能单一。评价的内容多元化改变了过去重知识，忽略过程、情感、态度、价值观等非智力因素的评价，注重学生综合素质的考察，关注学生创新精神和实践能力的发展以及良好的心理素质、学习兴趣与积极情感体验，有助于学生潜能的开发和全面发展。

（四）从形式上看，由单调评价方式转变为多样评价方式

过去评价基本上依靠教师来评价，这种评价单一，有局限性、片面性。《义务教育课程标准》要求，采取多样化的评价方式。从评价对象上看，可以把自我评价、学生互评、教师评价、家长评价和社会有关人员的评价结合起来；评价方式也应多样化，采用书面考试、口试、作业等多种形式的考试；评价方法可采用课堂观察、课后访谈、大型作业、成长记录袋、分析小论文、活动报告等。

二、课堂学习评价的建议

（一）评价要具体，体现操作性

笼统抽象地评价学生的课堂学习活动，一方面叙述一知半解，似是而非，另一方面评价内容含混、操作性不强。如在语文课堂上，评价学生"你读得很有感情""你的字写得很好"往往对学生的帮助不大。有感情的读的评价可再具体到"重读""轻读""语速""语调"等方面，"你读得很有感情，重音到位，语速得当"这样内容具体的评价，使学

生知道应该怎样去有感情地朗读，从而形成良好的语感；而对写字的评价，尤其对低年级的学生"字写得好"应具体到"作业本整洁、不破、不卷角、字大小匀称、字横平竖直、字有力度、字写在格子中间、摆位合理"等，这样有利于学生发扬优点，及时改正不足。又如：数学课上，对练习题的评价"这题做的结果对不对？"学生只会注意结果。习题是对本节内容的巩固，加深学生对知识的理解，使学生的综合能力得以提高，思维能力得以升华，因此教师更应注重学生多方面能力的培养。评价不仅注重结果，更应注重过程，评价语换成"看看这道题做得怎么样？与你的做法比较比较。"会好些，这样学生的思维、语言表述等都会被教师充分调动。

总之，评价要由某一点的肯定评价循序渐进走向全面肯定的评价，使学生在不断肯定中学习能力得到全方位发展。

（二）评价要分层，体现差异性

对学生评价要研究学生的差异，分层加以鼓励，有的专家把它比喻成摘一棵树上的桃子，桃子有的伸手就能摘到，有的跳脚才能摘到，有的需要踩矮凳子，有的则需要踩高凳子。教师分层鼓励就是给学生在跳脚、搬矮凳、换高凳上下功夫。

尽管我们用不同的标准要求不同的学生，但学生获得成功的能力总是不一样的。有的容易成功，有的难成功，还有的一时成功不了，怎么办？老师一定要坚持这样一个原则：给每个学生创造成功的机会。能成功的要促其成功，难成功的要帮其成功，暂时成功不了的要盼其成功，这样会使学生养成自信的心理品质，使他们敢想、敢说、敢做，会想、会说、会做。

（三）评价要灵活，体现多样性

评价方法单一，机械，死板，往往也是造成教师评价作用降低，学生索然无味的一个重要原因。如教师对答对问题的学生一味地用"你真聪明""大家拍手鼓励一下"等，经常使用这样一个模式，学生也会不感兴趣。要使评价艺术化，应体现多样性、灵活性。

1. 延迟评价——给学生一定的思考时间

提出问题后，不急于让学生回答问题，而等待一段时间，这在心理学上称为"延迟评价"。在课堂教学中，很多老师容易出现的问题是：

提出问题，马上让学生回答，舍不得给学生时间去思考，若学生没有立即回答，就不断重复问题或引领启发、暗示；让学生读书，不给学生读书时间，却急于要求学生读出感情。在短时间学生回答问题，思考将受限制，也回答不好，有些学生因为来不及深入思考问题，又为了迎合老师，只好只言片语，匆匆做答，从表面上看课堂活跃，实际上走进了繁琐而肤浅的一问一答中。

所以我们提倡延迟评价，问题提出，耐心等待，给足够时间让学生深入思考，潜心读书，当学生遇到问题时，更要以期待的目光去等待他们，或做适当点拨，切莫让学生回答问题时草草行事。

2. 宽容评价——无错原则

在过去的评价中，可能会听到一些老师这样评价："没想好，就不要急于发言。""谁能替某某同学回答这个问题。"或者把没回答上问题的同学撂在一边等，这些做法自然是不妥当的。

我们在教学中应正确看待学生在课堂上提出的问题，要从发展的角度理解这些问题错误的"价值"。允许、容忍学生的错误，进行延迟反应，将重点放在弄清出现错误的原因与改进上，因此教师对学生的回答应认真聆听，不随便打断，对一时语塞或害怕发言的同学要多加鼓励："别着急，慢慢讲。""老师相信你会回答出来的。""你能把你的想法说出来很好，这个问题能换一个角度想一想吗？"等，这样更易于激发学生学习的兴趣，增强学生的自信心。

（四）评价多鼓励，体现激励性

国外有首《育儿歌》：宽容中成长的孩子学会忍让，鼓励中成长的孩子学会自信，称赞中成长的孩子学会欣赏，公平中成长的孩子学会正直，支持中成长的孩子学会信任，赞同中成长的孩子学会勇敢，友爱中成长的孩子能感受到关怀……

教师的课堂评价是一门艺术，它的核心应是激励学生，它不仅能使学生产生学习效应，更重要的是产生人格效应，能否在任何时候都激励、鼓励学生，要看教师能不能理解、容忍、宽容学生；也要看教师有没有欣赏和赞美学生之心。

教学过程是教师与学生、学生与学生生命碰撞的过程，不光是知识的传递，也是情感的交流，合作的运用。所以教师不应仅满足于认知的评价，还应注意对学生情绪的感染作用，以满意的情绪对待学生每一点微小的进步，以愉悦的情绪激发学生的学习兴趣，以宽容的情绪对待学生的差错，以兴奋的情绪激励学生投入学习，用"一句鼓励的话语、一种信任的眼神、一次理解的微笑、一回亲切的抚摸"促使学生充满自尊自信，进而促进他们健全人格的发展，学习的长足进步。当然也不能滥用表扬，以免给学生误导，要掌握分寸。

三、作业评价建议

作业既是教师教学活动的重要环节，又是学生学习过程中的必要组成部分，而其中尤为重要的部分是作业形式的设计及其评价。当前的课改是一次重大的整体改革，课内外的作业也面临一次改革，作业设计、评改的理念和方法也应进行变革。

1. 作业形式多样

新课程实施中的作业已经在形式和内容上发生了很大变化，除了传统的纸笔作业外，口语交际作业、综合实践作业、实验操作作业等注重学生在真实情境中实际表现能力的表现性任务也开始进入学生的学习生活。

一些新型的作业：

①录音作业。②课本剧作业。③画示意图作业。④调查采访性作业。⑤分层作业，适合从学生的不同发展水平出发，确立一些有效的课程形式。⑥自主型作业，学生在教师的引导下，自主选择、参与作业内容的设计。作业可以自己留，互相留，学生自己出测试卷，交换做，交换批阅，课前自己质疑，自己设计学习思路，收集与新课有关的信息材料等，这类作业重在培养学生的主动学习态度和创新精神，各个学科都可以尝试。⑦养成型作业。教师把培养学生良好的学习、生活习惯作为作业，请家长、社会评价，向学校反馈，既有利于学生健康成长，又沟通了学校与家庭、社会的联系。还可以采取主题性作业、分层作业等一些新型的作业形式。当然，我们要考虑针对不同学生的个性特征布置不同形式的作业。

（二）作业评价保护学生自尊

作业形式发生了改变，同样在作业评价上，应当考虑针对不同学生的实际情况，采取与其作业形式相适应的评价方式。教师要在作业批改中用极平凡的发现，用极为平常的一句赞语，点燃孩子自尊自信的热情。

以往教师批改作业时，往往都是拿着红笔，见到错题，在学生的本上打上红红的叉号，还有的老师把学生找来劈头盖脸地训斥一番，自觉性强的学生或基于老师的压力，可能会把错题改过来，自觉性差的学生可能会把这一页翻过，甚至撕掉；还有的学生为了"自己的面子"或迫于家长的压力，把老师打的红叉小心地擦掉，在老师打红叉的地方用不显眼的笔重新描一下，因为每个孩子都有自尊心。

新课程的评价不一样了，为了保护孩子的自尊，增强学生的自信，在批改作业时，教师可以画一个竖起的大拇指，一朵小红花，一个五角星，写上一两句有强烈感情色彩或鼓励的话，学生有了成就感，越学越有劲，越学越自信。这里介绍一位老师采用的"等级＋提示符号"的作业批改方法。

1. 学生掌握知识评价采用"优、良、合格"等级评价。

2. 学生思维能力评价采用在等级评价的右下角加符号的形式：

"○"反映思维的灵活性和创造性；

"△"表示思维有新意但没有完全做对；

"□"表示思维方法独特有创造性。

3. 学生的学习态度评价用在等级评价的左上角加符号的形式：

"$"反映学生的学习态度的、学习兴趣；

"£"表示作业书写格式符合要求，作业态度欠认真；

"¥"表示作业书写格式符合要求，作业态度认真，书面整洁。

4. 对于有进步的表现突出的学生，在作业题目旁边，根据特点，写上鼓励的评语（例如，"好""肯动脑""你很聪明""你真棒"等评语，肯定成绩，鼓励继续努力；对于错题，针对原因用"?""再检查一遍""格式对吗？""请看清题目"等批语），让学生主动按评语的提示去改正后老师再检查、表扬、激励。

评价做到针对性强，因材施教，把老师的关爱、期待蕴含在批语里，能唤起和增强学生的自信心和进取心，促使学生主动参与、主动发展。

总之，要采取多种手段，通过形式多样的作业，激发学生的兴趣，让学生真正喜欢做作业，变"要我做"为"我要做"。

四、考试评价建议

在学校教学中，考试无论是过去还是现在都被作为评价学生的一项重要的方式，"考考考，老师的法宝，分分分，学生的命根"，考试成为评价学生的唯一标准，所以改革考试方式已成为当前基础教育改革的一项重要内容。

（一）考试题目设计的人文性

每次测试，我们都尽量做到少考或不考纯记忆的内容，多考一些与生活实际问题相关联的、能体现综合应用的、需要创新思维的内容，以反应学生真正的理解状况。如数学中通常将计算放到超市购物等类似的情境中，语文中的成语积累也在具体的话题中体现，旨在让学生细心观察生活，多阅读，多积累，并让学生体验学习的乐趣。在设计命题时，力图体现人文性，给学生充分展示自己的空间。如设计"摘录你认为值得积累的词语和句子。""文章中什么地方深深打动了你？""读了这篇文章，你有什么收获？""观察上面的统计图，你发现了什么？"等等。在评价上尊重学生的个别差异和个性特点，允许学生自由表达他们的思想观念和价值取向。

另外，在题型设计上也力求绽放人性的光彩，如用"小灵通"代替"听写"，"句子百花园"代替"句式变换练习"，"我来当法官"代替"判断题"，"啄木鸟医生"代替"修改病句"等。这些富有情感和激励的语言，能使学生感受到教师的关爱和鼓励，激发学生的学习兴趣。

（二）考试方式多样性

在课改进程中，我们倡导给予学生多次机会，打破唯纸笔测验的传统做法。根据学科特点，考试方式也是灵活多样的，如语文、英语除了基础知识的笔试外，还广泛采用答辩、辩论、演讲等形式进行考查；数学在笔试之外还采用作品制作、表演等多种形式测试学生的学习效果。

如：数学测试——搭积木。让学生把积木搭成自己喜欢的各种形态，教师则在学生"玩"的过程中给他们评价。这种不用试卷的动手操作，学生不仅不害怕，还相当喜欢，又能发展智力。

学科测试可以分类、分项进行，如语文从朗读、写字、诗文诵读、课外阅读、口语交际等方面分类测试，英语从听力、小组学习、演讲、单词记忆等方面进行测试，科学从实验、小课题研究等方面进行分类记录结果。有时也采用开卷考试的方式，让学生在综合应用中考查自己的发展状况。这些灵活多样、开放动态的测试方式，真正体现了学生生动、活泼、主动发展的需要。

（三）考试结果激励性

考试之后，要求各学科教师根据考试情况做出具体地分析指导，在评价过程中采用等级制，淡化学生之间的评比（相对评价），提倡学生与课程标准比较（绝对评价），与自己的过去比较（个体内差异评价），强调在多种比较中客观地了解和评价，帮助学生正确地认识自我和悦纳自我。不公布学生的考试成绩或按考试成绩排名，重在为学生提供建设性的改进意见。学生有权决定如何公布自己的学习成绩，学校和教师都应尊重学生的权力，关注学生的处境和发展中的需要，保护学生的自尊、自信。以激励为主，对考试的结果进行反馈，促进学生在原有水平上的发展。

五、成长记录袋评价的建议

成长记录袋是在 20 世纪 80 年代，西方中小学评价改革运动中形成和发展起来的一种新的质性评价方式。学生成长记录袋有人也称档案袋，是指用以显示有关学生学习成绩或持续进步信息的一连串表现、作品、评价结果以及其他相关记录和资料的汇集，其中一般包含了关于学生学习过程中的学习目的、学习活动、学习成果、学业成绩、学习付出、学业进步、学习反思的主要信息。而学生成长记录袋评价则是指通过对成长记录袋的制作过程和最终结果的分析而进行的对学生发展状况的评价。从其适用范围而言，成长记录袋评价多用于表现性评估。

（一）成长记录袋评价的特点

1. 成长记录袋评价关注的是学生的学习与发展过程。

2. 成长记录袋里的内容与某一时期的教学和学习目标相一致。

3. 成长记录袋评价给学生发表意见与反思的空间，学生可以自己决定放入成长记录袋的内容，并进行评价和反馈。

4. 成长记录袋的评价不是给予好与不好的结论，而是注重学生在学习过程中成长和发生改变的事件，提出相应的改进与发展建议。

（二）成长记录袋评价的功能

1. 作品展示：学生可以将自己最好和最满意的作品装入档案袋，其内容是非标准化的，每个人都可以自由选择所装入的作品。如自我介绍、书画作品等。

2. 记录学生成长轨迹：包括学生不同时期的作品、观察或测试的结果、家长信息、学生的自我反省和自我评估等一切描述学生成长的资料。这些资料可以作为学校与家长交流的依据，也可以作为反映学生成长的信息来源。如同学、老师、家长的评语，有代表性的作品以及学生各阶段的自我反思和自己制定的改进措施等。

3. 水平评估：用于评估学生学习与发展水平的档案袋，其内容通常是标准化的。这种档案袋可以作为衡量学生学习是否达标的依据，也可用于学习完成情况的阶段性总结。如我的成绩单、重大事情记载、课外阅读记录、小奖章等。

（三）成长记录袋的类型

按照不同的标准，成长记录袋可以分为不同的类型。

1. 按目的划分，可以分为：成果成长记录袋——旨在收集学生最终的学习成果；过程成长记录袋——主要反应学生的努力过程；进步成长记录袋——通过比较学生不同时期的同类作品，判断学生的进步。

2. 按内容和功能划分，可以分为：过程型——若目的是为了描述学生学习过程的进步、努力，则建立过程型成长记录袋；成果型——若目的是为了展示学生的成就，则建立成果型成长记录袋；评价型——若目的是为了获得学生终结性评价的依据，则建立评价型成长记录袋。

（四）成长记录袋创建的步骤

设计成长记录袋时要注意以下几点：为什么收集材料、收集什么材

料、怎样收集材料、对材料的评价形式。据此，创建成长记录袋有以下几个步骤。

1. 明确应用成长记录袋的目的与对象

首先要明确学习文件夹是教师用，还是学生用，因为用者不同其评价法也不同。学习文件夹评价中，最主要的特征是，评价主体和评价对象是同一个体。如果是教师用学习文件夹，当然评价的对象是课题与计划的情况（学习活动开展情况）等，即用于课程评价；如果是学生用学习文件夹，那就是学生学习与成长的个人评价。

2. 确定成长记录袋的主题

课程标准为每一个学段的学生的学习、教师的教学设立了明确的目标，教师在教学过程中可以根据课程标准中的目标以及所用的教材，界定出一个清楚且具体的目标，并结合学生学习的现状，来确定成长记录袋的主题。

3. 设计成长记录袋的内容

根据学习主题确定档案袋内容，包括收集什么、怎样收集和如何评价的问题。

首先，确定要收集的作品与数量。学习物品，包括自己和年级的问卷调查结果，自己的学习计划（包括记录学习内容的笔记），教师制作的活动日程、注意事项活页，照片，录音带，录像带，搜集到的各种资料，日记和作文，信件，图画，调查采访的记录，报纸文摘剪辑，各种草稿，完成的作品等；对这些物品要记载年月日、感想以及当时发生的事情等。

其次，明确成长记录袋的收集渠道、参与者及其作用。从哪里获取成长记录袋所需的作品和资料？成长记录袋的记录需要哪些参与者，学生、家长、教师或是管理员？各个参与者具有何种职责和任务？

再次，设定评价基准。要让学生知道成长记录袋对他们的成绩有怎样的影响。包括计分规则的构成，核查表的具体内容，整个成长记录袋的总体评价标准也应当在成长记录袋中予以说明。

最后，在设计档案袋内容时应考虑到不同学科的特点。

（1）语文应收集能够反映学生语文学习过程和结果的资料。如关于学生平时表现和兴趣潜能的记录、学生的自我反思和小结、教师和同学的评价、来自家长的信息等，提倡为学生建立写作档案。写作档案除了课内外作文外，还应记录写作态度、主要优缺点以及典型案例分析等内容，以全面反映学生的写作实际情况和发展过程。采用形成性评价和终结性评价相结合，但以形成性评价为重的评价形式。

（2）在评价学生的数学学习成就时，可以建立成果型档案袋，以反映学生学习数学所取得的进步，以增加他们学好数学的信心。教师可以引导学生自己在成长记录袋中收录反映学习进步的重要资料，如最满意的作业、最喜爱的小制作、影响深刻的问题和解决过程、阅读数学读物的体会，等等。

在对综合应用部分进行评价时，可以建立过程型档案袋收集以下资料，以反映自己的探索过程与取得的进步：在日常生活中发现的数学问题；收集的有关资料；解决问题的方案和过程；获得报告或数学小论文；解决问题的反思材料。

（3）英语多采用形成性评价，形式可有多种，如课堂学习活动评比、学习效果自评、学习档案、问卷调查、访谈、家长对学生学习情况的反馈与评价、平时测验等。

（4）科学多采用杰出表现记录，如教师和学生会对科学学习活动过程中有特殊意义或价值的信息——学生的超常表现、独特见解、科学创意等及时记录在案，供终结性评价时参考。还可以设计科学观察日记、科技小制作、科学报告等形式的成长记录袋，由此可以把握学生学习与发展的轨迹。

（5）艺术成长记录袋是重要的质性评价方式，它是一种用来记录学生整个艺术成长过程的资料夹。建立艺术成长记录袋，旨在帮助学生对自己的艺术学习过程进行思考和评价。艺术成长记录袋包括以下内容：对作品创作过程的说明、学生的系列作品、学生的自我反思、他人的评价、各项预设的学习资料及学生收集到的资料等。

第八章

不断实践——教学设计研制实例

　　教学的主阵地是课堂，教师的专业成长也要从课堂教学开始。本章用解剖麻雀的方法，从上好一节课开始，通过反复研制，不断实践，逐渐感悟，掌握课堂教学的一般规律，这是教师专业成长的一条有效途径。下面所举的教案和教例是一些教师在实施新课程的实践中对课堂教学一般规律的探索，展示的不仅是教案的逐步完善过程，也是这个教师的专业成长过程。希望读者能从中领悟新课程的精神实质，感悟这些教师在课堂教学中的成长轨迹，并找到适合自己的专业发展道路。

第一节　教学设计的研制

一、小学数学教学设计研制

案例1　分数的初步认识（第一课时）[1]

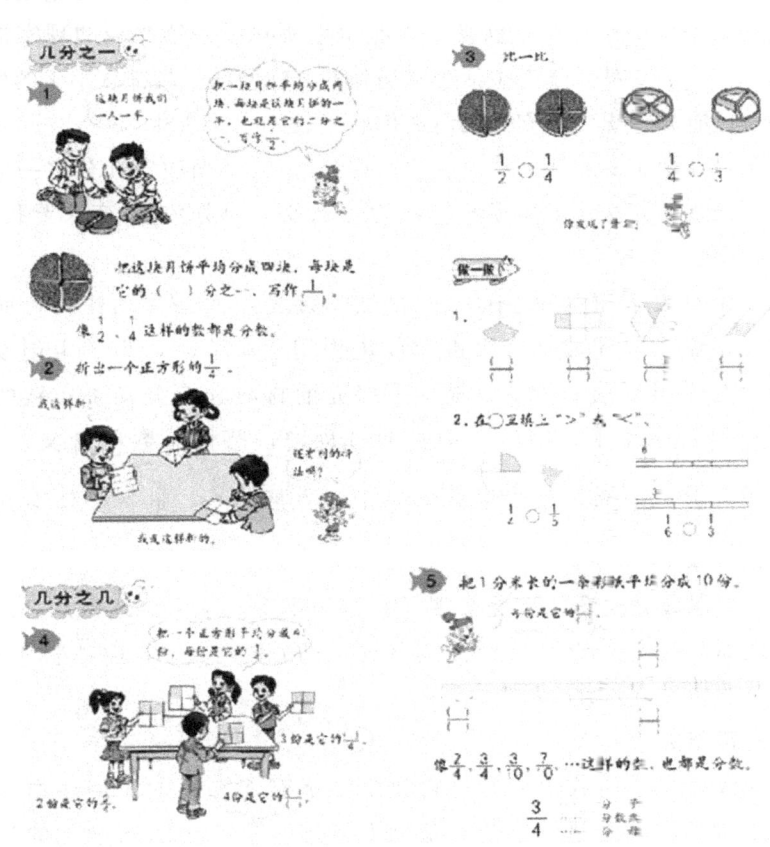

①　沈丹丹：《小学数学教例剖析与教案研制》，广西教育出版社 2004 年版。

[教学设计说明]

本课是义务教育课程标准实验教科书（人教版）三年级数学上册内容。注重应用意识和实践能力的培养，是数学课程改革的重要目标。

本课重点是让学生加深理解分数的意义，体验生活中处处有数学，从而培养学生从实际生活中提出数学问题的能力和"用数学"的意识，引导学生小组合作、讨论交流、动手实践，使每个学生都有机会发表自己的观点，从而获得对分数的直观认识，也领悟到了分数所表示的实际含义。

从整数到分数，对学生来说是认知上的突破，为了给学生搭建突破的台阶。本课开始，首先创设了一些学生所熟悉并感兴趣的现实情境"分苹果"。分物品是学生生活经常遇到的实际问题，教师从学生的生活经验和已有知识出发，充分利用现代教育技术，再现生活中"分苹果"的场景，让学生从感性上认识了"平均分"，为下面教学几分之一的意义作了铺垫，同时让学生懂得"我为什么要学习分数"，变"要我学"为"我要学"。

学生对数学知识的学习，不是被动接受，而是主动建构，而动手操作对学生的建构有着积极的促进作用。本节课，为学生创设了主动参与学习活动的情境，提供了探究的材料和充分动手实践的机会，让学生在动手、动口、动脑的过程中，感悟分数的含义。如：在认识几分之一时，让学生折出一张正方形的 $\frac{1}{2}$，进一步体会几分之一的含义。

本节课最突出的特点是实现了教材的重组。学生在认识几分之一后，教师并没有急着让学生比较分子是1的分数的大小，而是学习分数各部分的名称及分数的读写法。

内容简析：

分数在生活化数学和形式化数学中都有着广泛的应用。本课是在学生对分数的生活化感知的基础上，进行最初步的数学化的整理和概括。本课主要学习"几分之一"的分数，了解它的产生和应用，会读会写，知道各部分名称，会进行简单比较。本课的知识看似简单，但对学生来说是数的认识的突破（从整数向非整数的突破），是认知结构上的新建，是思维上的一次飞跃。本课的学习将对认识"几分之几"的分数产生直接影响，对日后建立完整的"分数意义"有着特别重要的启示作用。

设计理念：

以"动态生成"和"活动学习"的教学理念为指导思想设计本课教学。从学生的原有认知基础出发，让学生运用平日积累的生活经验和认知体验，动手"创造"分数，在讨论交流活动中学习新知，目的在于充分展示新知的趣味性和奥妙，让学生一接触到就能喜欢上，从而萌发进一步探究的欲望，这才是我们的目标，这才是新课程积极倡导的教育教学观；寻求"生本""互动""生成""开放"的课堂教学模式的新突破和新建构。

教学目标：

根据《新课标》的总体目标确定本科的教学目标。

1. 知识目标：学生学会初步认识几分之一和几分之几，了解分数的各个部分名称，会正确读写分数。

2. 技能目标：通过操作、观察、归纳、猜测等数学活动，发展学生的实际操作能力和初步思维能力。

3. "数学思考"：让学生经历运用符号和图形描述二分之一的过程，建立符号感，发展抽象思维。

4. "问题解决"：让学生学会与人合作，并能与他人交流思维的过程和结果。让学生在自我评价和相互评价的过程中形成评价意识和反思意识。

5. "情感与态度"：使学生积极参与数学学习活动，并能在数学学习活动中获得成功体验。

（知识目标明确，但阐述方法不符合新课程理念，改为让学生知道把一个具体物体平均分成几分……把技能与能力混为一谈，2、3两条可合并成一条。注重解决问题，情感与态度方面的目标达成，定位比较准确。特别重视了让学生"获得成功体验"。）

165

教学过程：

【第一次试教教案】

教学环节	教师活动	学生活动	评 析
一、初 步 感 知	1. 教学"平均分"。 （1）请学生拿出小圆片随意地折一折，并把折痕画出来。 （2）请学生上来随意地展示成果。（有意识地让两种不同情况的学生上来贴） （3）请学生仔细观察，并把这些图形分成两类。 （4）请学生说一说分类理由，引导得出：一类是把一个圆平均分成两份，一类不是平均分的。（并板书"平均分成两份"） 2. 导入语：我们今天就来研究有关"平均数"的知识。	学生拿出小圆片折一折，画出折痕。 学生展示成果。 学生们仔细观察贴图，并将图形分类，得出结论：一类是把一个圆平均分成两份，一类不是平均分的。	通过操作，让学生感知"分"的两种结果——平均分和不平均分，引入自然，能吸引学生的注意力。
二、探 究 新 知	1. 教学"一半" （1）请学生在发下的纸片中选择一个图形，并把它们平均分成两份。 （2）请学生展示成果：长方形、圆、三角形这三个图形的一半。 （3）教师把其中的一个半圆画上阴影，并提问：阴影部分和整个圆有什么关系？ （4）根据学生的回答完成板书：把一个圆平均分成两份，其中的一份是整个圆的一半。	学生展示：长方形、圆、三角形这三个图形的一半。 学生思考回答。	把"一半"作为"二分之一"的生长点，符合学生实际。在研究圆的过程中突然插入其他图形，接着仍研究圆，过渡不自然。 板书内容太具体、抽象，不符合本课堂的教学目标，时间也浪费。

教学环节	教师活动	学生活动	评 析
	2. 教学二分之一 (1) 师问：你能用一种形式表示出自己心中的一半吗？可以用一种图形，或一个符号，或其他形式。 (2) 让学生自己上来展示成果。 (3) 学生自己介绍自己表示的"一半"是怎么回事。 (4) 教师概括："$\frac{1}{2}$"，并板书"分数"。 (5) 师：你在哪里看到过？你会读吗？让学生试读，教学生读法。 3. 再次感知 (1) 说一说自己折的图形哪一部分是 $\frac{1}{2}$。（要求说完整）指名说，自己说，同桌说。并指出阴影部分是整个图形的 $\frac{1}{2}$，引导得出空白部分也是整个图形的 $\frac{1}{2}$。 (2) 教学写法。指名说自己写。 4. 教学几分之一，几分之几 (1) 你认为分数还有吗？ (2) 你还能不能创造出一个分数来？ (3) 把你所想的分数用图形表示出来，再和同学交流。 (4) 请学生把所表示的图形贴到黑板上。 (5) 请其他的同学评价：你认为这个图形怎么样？表示什么？在评价的过程中纠正错误。	学生展示：旱—日＝干 A＝C＋C 1＝2－1 学生体会"一半"的含义。 学生感知 $\frac{1}{2}$。 学生利用多种图形，充分表述 $\frac{1}{2}$，加深对 $\frac{1}{2}$ 的理解。 学生一边说一边写，注意写的顺序。 学生思考回答。 说出自己创造的分数。 利用画一画、折一折表示自己所想的分数。 参与评价。	给学生充分的思考时间、空间，允许学生寻找自己的解决办法，让学生经历运用符号和图形描述二分之一的过程，为学习新数"$\frac{1}{2}$"做好了铺垫。 了解学生的知识基础，为进一步教学"$\frac{1}{2}$"的含义做准备，并及时引入了读写法。这个环节，有利于学生思维的拓展，也能帮助学生进一步理解"$\frac{1}{2}$"。从形式上的迁移到实质的理解，过渡自然。 注重学生间的相互评价，让学生在自我评价和互相评价的过程中形成评价意识。

教学环节	教师活动	学生活动	评　析
	（6）在学生的评价过程中教学几分之几，让学生自己来解释几分之几。教师板书：$\frac{2}{4}$ 里面有 2 个 $\frac{1}{4}$，4 个 $\frac{1}{4}$ 是 $\frac{4}{4}$。 5. 教学分数的各部分名称 （1）如果要你表示 $\frac{3}{7}$，你用刚才的表示方法还行吗？ （2）你还知道哪些分数？根据学生的反馈，强调几分之几。 （3）教学各部分名称，（师指着分数线）你觉得这条线可以取一个什么名字？（平均分线，分数线） （4）教师给学生分数线下面的数取个名字叫分母。让学生自己给分子取名。 （5）让学生自己解释分母与分子之间的关系。	学生与教师共同研究、探讨。 学生给分数的各个部分起名并自己解释为什么这样取名。 理解分子、分母的关系。	说明教学中符号表示的优越性，并通过让学生自己取名，进一步凸显分数的具体含义。
三、小结	1. 这节课你有哪些收获？ 2. 联系生活用分数讲一句话。	学生谈收获。	注重联系生活实际，但缺少必要的联系和强化。

【评析】第一次试教，第一感觉不错，但教学结构不够完善，设计有些零乱，各环节之间的衔接不够自然紧凑，缺少作业的时间，基础知识不够落实。在教学平均分，让学生随意地折一折时，只有一个同学不是平均分的，其他同学都是平均分。

【第二次试教教学设计】

教学环节	教师活动	学生活动	评 析
一、导 入	师：喜欢玩什么？玩过数学吗？这节课我们就一起来玩一玩。	电脑、篮球、乒乓球……	从学生感兴趣的话题开始学习，能激发学生的学习热情。比第一个教案更符合学生的年龄特征。
二、"$\frac{1}{2}$"的认识	1. 平均分 师：能不能把这些小圆片分为两类？同桌之间说一说。（指名上台演示分类）	学生拿出一些小圆片，随意折一折，并描出折痕。学生贴"作品" 生：按折痕的朝向分。 生：按线画在旁边或中间来分。	教师问得不明确，造成学生分类不紧扣主题而浪费时间。
	师：今天就是来研究"线画在中间"的情况。		
	2. 师拿出一个均分的圆片，问：这线画在中间会出现什么情况？	生：大小一样，形状一样，……	
	3. 定义"平均分" 师：在数学中，像这样大小一样的分法，叫做"平均分"。 师：这个圆平均分成了几份？（2份）	学生观察"平均分"。	
	4. 认识"一半" 教师再拿出一个圆，把它平均分（剪）成两份，再把其中一份画上斜线，告知叫"阴影"。 师：现在来看看，阴影部分和整个圆有什么关系？ 师：随便一份都是圆的一半，这句话能讲吗？为什么？ 板书（圆图）：把一个圆平均分成两份，其中的一份是圆的一半。生活中还有哪些东西是一半呢？在草稿纸上用你的方式表示"一半"。 5. 教学 $\frac{1}{2}$ 的定义	生观察：阴影部分是整个圆的一半，整个圆是阴影部分的2倍。 学生回答：能。 学生：活动。 反馈汇报，强化平均分。	

教学环节	教师活动	学生活动	评 析
	师：在数学中，一个苹果用 1 表示，3 个西瓜用 3 表示，"一半"怎么表示？ 师：能不能用一个数表示呢？一种科学的、规范的表示方法，（板书：$\frac{1}{2}$）见过吗？ 师：你觉得用你的方式表示一半简单，还是用 1/2 表示简单呢？如果你觉得 1/2 简单，就擦掉你的图。 6. 练习： 师：随意拿出一个图形，折出它的 $\frac{1}{2}$。 指名说，同桌互说，反复说 $\frac{1}{2}$ 是什么意思？ 师："2"表示什么？"1"表示什么？ 师：你觉得除了 $\frac{1}{2}$，还有其他分数吗？ 师：现在把你刚才告诉同桌的分数，用纸折或画图等方法表示出来。 师：你对上面的图形有什么评价？怎么样？也可以说说我觉得自己的怎样？ 师取一张学生贴的作品。 师：表示什么？ $\frac{2}{4}$ 里面有（ ）个 $\frac{1}{4}$，（ ）个 $\frac{1}{4}$ 是 $\frac{2}{4}$。 师取另一学生的作品（没有平均分）。对吗？应该怎么样？	学生思考，反馈，甚至画图。 在高年级的作业中见过，在音乐书中见过…… 生表示用 $\frac{1}{2}$ 简单。 学生动手操作。 贴出学生作品。 学生反复表述或与同伴交流。 学生思考并回答。 同桌互说。 生：$\frac{1}{3}$、$\frac{1}{4}$ …… 贴学生作品。 同桌之间在私下悄悄互相评价。 学生回答（$\frac{2}{4}$）。 学生回答平均分。	
三、2/4 的认识			

教学环节	教师活动	学生活动	评　析
四、教学分数各部分名称	举例分数：你能再举出几个分数吗？ 板书：$\frac{5}{9}$ （1）分数线（2）分母（3）分子 师：分母、分子有什么关系？	举例，如 $\frac{5}{9}$，$\frac{2}{9}$，… 分母是整体，分子是从分母中分出来的。	
五、小结	总结：学习了什么？	学生自由发言。	

【评析】第二次试教调整了教学方案，使之体现一定的层次性。教学平均分，再次感知平均分，教学一半，教学二分之一，教学几分之一和几分之几，归纳小结，综合练习。实际的教学中，学生还是出现了平均分和不平均分两种不同情况，但让学生表示出一半时，学生只是用圆形和实物表示出一半，表示方法比较单一，可能与学生的生活经验有一定的关系。在教学二分之一的时候，加入教师剪圆演示二分之一，目的是让学生进一步感受二分之一的形成过程，对于知识落实有一定的好处。由于这次试教把重点放在如何提高学生的评价能力上，因此教学时间的安排上存在一定的问题。

【正式上公开课的教学设计】

教学环节	教师活动	学生活动	评　析
一、创设情境，导入新课	1. 你们喜欢玩吗？都玩过什么？ 2. 你们玩过数学吗？ 3. 这节课我们就一起来玩一玩数学。		保留了试教时这个有效环节，与不熟悉的学生之间一下子拉近心理距离。
二、实践操作，探求新知	1. 教学"平均分" （1）请同学们拿出一张小圆片，随意地折一折，并用水彩笔把折痕画出来。 （2）学生展示成果。	学生动手操作，折、画，展示成果，贴在黑板上，两种情况：一种平均分，一种不是平均分	

教学环节	教师活动	学生活动	评　析
	（3）你能从上面的作品中发现什么？又想到了什么？ 师：你们能把它们分成两类吗？先和同桌说一说。 师：根据刚才说的和想的把上面这些圆分成两类。（指名让学生上来分） 师：你们知道刚才这个同学是怎么分的吗？ 师：平均分的知识你们学过吗？今天这节课就一起来讨论平均分。板书：平均分。 2. 教学"一半" 师：把一个圆平均分成两份。（教师选黑板上贴示的一个圆，并且在上面画阴影） （1）师：阴影部分和整个圆之间有什么关系？ 引导得出阴影部分是圆的一半，圆是阴影部分的2倍，空白部分也是圆的一半。（板书：其中的一份是圆的一半） （2）师：圆的一半我们可以用阴影部分表示，其他物体的一半你们觉得可以怎样表示呢？能不能用一种符号，或一个图形，或一个数把你心中的"一半"表示出来？ （3）学生反馈，并把心中的一半写在黑板上，解释为什么这样表示。 （4）相互评价	思考，回答，如他们是怎么折的？他们都把圆分成两半，这两半有区别吗？等。 阴影部分是圆的一半。 学生用一种符号，或一个图形，或一个数表示自己心中的"一半"。 学生有画心形用阴影表示的，有写"中"字，有在"W"、"8"、"3"、"1"中间画一横，也有一个学生在"6"字上面画一横，还有 8＝4＋4，10＝5＋5，等等。 学生间交流。	让学生说出把圆分成"两半"后，再叫学生分类，比第二次试教指向明确，效果好。 注意了学生的知识基础和发展的起点。 重视了从不同的角度描述知识的关系，有利于学生理解概念，建立有效的知识体系。此外仍然采用了第一次试教时"空白部分也是圆的一半"这个有效的数学环节，好！ 提示学生用一个数（注意是数不是数字），开阔了学生的思维，与前面试教时相比，这里加了"用一个符号、图形、或数表示心中的一半"这个导语，学生反馈信息就丰富多了，从中也说明教师的提示语非常重要。 教师给学生足够的思考时间，学生的创造性得到了充分的发挥，原来他们心目中的"一半"竟有如此之丰富。这个环节把课堂教学一下推向了高潮。

教学环节	教师活动	学生活动	评　析
	3. 教学"$\frac{1}{2}$" （1）师：同学们都用自己喜欢的方式表示出了自己心中的"一半"，在数学里有一个更科学、更简便的表示方法：$\frac{1}{2}$，你们看过这个数吗？ 师：$\frac{1}{2}$，你们见过吗？在哪里见过？ 师：看到老师是怎么写的了吗？ （2）让学生尝试读，并总结写法。 （3）揭题：我们今天这节课就来认识"分数"。（板书：分数的初步认识） （4）讲解 $\frac{1}{2}$ 的含义。 （5）让学生比较自己表示"一半"的方法和 $\frac{1}{2}$，哪一个比较合理一些，认为 $\frac{1}{2}$ 表示方法好的，就把你自己的表示方法擦掉。 4. 再次体验 $\frac{1}{2}$ 的形成过程 （1）在发下的纸中任意选择一个图形，折出 $\frac{1}{2}$。 （2）作品展示，并让学生交流，让学生自己纠正错误。 师：说一说，你的二分之一是怎样得到的？ 学生有些仍然用阴影表示，也有的在一半的地方写上 $\frac{1}{2}$，还有不写的，教师都一一叫学生补充完整。	生1：在音乐书上。 生2：在高年级的奥数书上。 观察、会写。 学生作品如图 	教学师撇开学生心目中的这么多的"一半"不理，突然引进新的方法，显得很突兀。对学生的"创造"也显得不够尊重，为什么不顺着学生的"创造"，通过让学生思考 $1 = ? + ?$ 来引进 $\frac{1}{2}$ 呢？ 这个教学环节及时又到位，教学效果好。 重视培养学生的反思和评价意识。

173

教学环节	教师活动	学生活动	评 析
	师：你觉得分数除了 $\frac{1}{2}$，还有其他的吗？ 5．教学几分之一和几分之几 （1）让学生创造一个分数。你还知道哪些分数？学生自己举例，同桌互说，并把所想的分数，用图形表示出来。 （2）小组间交流所想的分数是怎样得到的。 （3）小组推荐作品展示到黑板上。 教师对学生的作品一一作了点评，并叫学生自己改正，评价语也很丰富，课堂气氛十分活跃。	学生解释自己的作品，学生间评价。 学生自己创造分数。同桌互相交流。 小组推荐作品。 展示。	重视培养学生的反思和评价意识。 重视了学生之间的相互评价，特别这里让学生"推荐"作品，关注了学生主体意识的发挥，但教师要注意突出"平均分"。 下课铃响了教师仍按教案的设计继续上课，没有征求学生的意见，可见教师心灵深处依然没有把学生当作一个独立的生命体来尊重，如果这时问学生还要不要学？学生一般都比较"宽容"，会说"要！"，那么，课堂气氛就会不一样了。
	6．教学分数的各部分名称 （1）先让学生举例分数。 （2）让学生自己命名分数的各部分名称。 （3）重点解释分数线、分子。	学生自己给分数的各部分取名。	在已下课的情况下，再叫学生自己给分数的各部分取名，就没有必要了，因为取名不是本节课的基本要求，不是必要完成的教学任务，对学生的发展没有大的帮助，可以简化。
三、归纳小结	今天这节课你有什么收获？今天这节课你是怎样学会这些知识的？	学生总结。	
四、巩固练习，深化发展	1．判断能不能用分数表示（略）。 2．联系生活用分数说句话。		

【评析】

《分数的初步认识》是以概念形成的形式学习的，而且本节课是"初步认识"，其知识目标是"学生知道把一个具体物体平均分成几份，表示这样一份或几份的数是几分之一或几分之几，知道分数的各部分名称，会正确书写具体的分数"。教材只是用列举的方式定义分数，以揭示概念的外延，不要求抽象概括出分数的一般意义。所以本节课的重点是让学生感知，在充分感知的基础上体会分数的具体含义，能自然流畅地说出把谁平均分成了多少份？表示这样一份（或几份）是几分之一（或几分之几）？老师最后一个教例中，从学生感兴趣的话题入手，注意了形成分数的前提是"平均分"，通过学习任务的细化；学习平均分——学习一半——学习1/2——学习分数的读、写法——学习几分之一——学习几分之几——学习分数的各部分名称，把数学知识的逻辑顺序与学生的认知规律有机结合起来了，这样的教学设计从内容角度分析是科学合理的。

从教学设计理念上看，注意了课程目标的多元性，十分重视数学思考、解决问题和情感、态度等课程目标的落实，整个教学过程学生都处于自主探究的状态中，课堂气氛活跃，有效促进了学生学习方式的改变。

从教学目标落实上看，重点放在三个目标的落实上。对学生在教学过程中可能出现的情况也作了充分的估计。在实际的教学中，各方面体现得都不错。学生在"教学思考"、"解决问题"、"情感和态度"等方面都获得了发展。

本节课力求转变评价的主体，让学生自评、互评。在教学几分之一和几分之几时，在学生尝试用不同的方法折出分数的同时，让学生体会了解决问题的基本策略，发展了学生的实践能力和创新精神。在学生交流自己所创造的分数的同时，培养了与他人交流和合作的基本技能，并在交流的过程中体会到合作的益处。在学生介绍自己的作品时，使学生体会到成功的感觉，在同学的互评过程中，使数学知识变得完整，概念变得清晰。

在教学《分数的初步认识》时采用操作引入、实例说明的方法，因为不要求抽象概括出分数的一般意义，所以揭示概念采用了揭示外延的方法。教师首先引导学生理解1/2的具体含义，然后迁移到其他一些具体的分数。教学中注意了概念之间的联系，如已知概念"平均分"与新

概念"分数"之间的关系、阴影部分（空白部分）与整体之间的关系、分子与分母之间的关系等，有利于学生对概念的理解。特别是通过揭示空白部分与整体部分之间的关系，通过教师的引导语"用一种符号，或一个图形，或一个数把你心中的一半表示出来"，开阔了学生的思维空间，使本课的教学形成了自己的特色。但由于没有用列举的方式定义分数，没有明确概念的外延，因此没有达到理解和巩固概念的目的。此外，无论是概念的形成，还是同化，最后的"强化"都是必不可少的，需要教师安排一定的练习和应用才能让学生掌握概念，由此可见，教师只有把握概念教学的一般规律，才不会因重视了后三项的课程目标而丢了知识和技能目标。

但从概念学习的一般规律分析，由于用概念形成方式学习的基本过程是"辨别——归类——抽象概括——强化"，显然，在具体的教学实践中还缺少几个重要环节，如分数的列举式定义、对概念本质特征的强化（通过练习等手段），等等，这必然会对学生理解掌握概念带来影响，以致学生"创造"分数时，错误率较高，出示的图形许多都没有平均分，这时，教师不得不花费更多的时间去纠正错误，导致教学时间不够，没有完成教学任务。

二、小学语文教学设计研制

案例 2 《翠鸟》的教学设计（第二课时）

《翠鸟》是六年制小学课本第五册第六课，课文内容如下：

翠鸟喜欢停在水边的苇秆上，一双红色的小爪子紧紧地抓住苇秆。它的颜色非常鲜艳。头上的羽毛像橄色的头巾，绣满了翠绿色的花纹。背上的羽毛像浅绿色的外衣。腹部的羽毛像赤褐色的衬衫。它小巧玲珑，一双透亮灵活的眼睛下面，长着一双又尖又长的嘴。

翠鸟鸣声清脆，爱贴着水面疾飞，一眨眼，又轻轻地停在苇秆上了。它一动不动地注视着泛着微波的水面，等待游到水面上来的小鱼。

小鱼悄悄地把头露出水面，吹了个小泡泡。尽管它这样机灵，还是难以逃脱翠鸟锐利的眼睛。翠鸟蹬开苇秆，像箭一样飞过去，叼起小鱼，贴着水面往远处飞起了。只有苇秆还在摇晃，水波还在荡漾。

我们真想捉一只翠鸟来饲养。老渔翁跟我们说："孩子们，你们知道翠鸟的家在哪里？沿着小溪上去，在那陡峭的石壁上。洞口很小，里面很深。逮它很不容易呀！"我们只好打消了这个想法。在翠鸟飞来的时候，我们远远地看着它那美丽的羽毛，希望它在苇秆上多停一会儿。

教材简析：

本文作者观察细致，抓住事物的特点，进行生动形象的描写，是本课在表达上的独特之处。作者在介绍翠鸟时，抓住它在外形和动作上的特点。写外形抓住了颜色鲜艳、体态小巧玲珑、眼睛灵活、嘴巴又长又尖的特点，并按一定顺序描写。写动作抓住了鸣声清脆、飞的速度快、反应迅速的特点，语言生动、形象、活泼，值得学生学习。

课文共有四个自然段，第一自然段描述了翠鸟的外形，二、三自然段描述了翠鸟活动的特点，第四自然段告诉我们翠鸟的家在陡峭的石壁上。

本课的教学共需三课时。第二课时的重点教学内容是学习课文第一个自然段。由于翠鸟的外形特点与生活习性息息相关，因此理解课文第一自然段是理解全文的关键。而这一段又是一个描写动物外形的优秀片断，因此在阅读教学中可渗透习作方法的指导，将培养学生的阅读能力和习作能力紧密结合起来，读写结合，以读促写。

学情简析：

三年级是低年级向高年级的过渡时期，这一时期除了要继续进行词句训练以外，段的训练是阅读训练的重点，习作训练则刚刚处于起步阶段。学生初步掌握了一些阅读方法，但生活阅历比较浅，所学知识有限，思维特征仍以具体形象思维为主。本课第一自然段对翠鸟外形的描写虽然栩栩如生，但因学生从未见过翠鸟，所以仅凭文字介绍依然无法使翠鸟的形象在学生的头脑中变得鲜活起来。至于习作训练，学生虽有尝试的兴趣，但因刚开始接触，缺少方法与经验，写作前往往不会观察，写作时抓不住主要特点。针对学生的认知状况，在教学中凭借多媒体课件形象直观的优势，逼真地展示翠鸟形象，突出作者的观察顺序和翠鸟各部分的特点，可为学生提供一个理想的思维环境，使学生建立清晰的认知表象。

教学过程：

【第一次试教教案】

课题		《翠鸟》第二课时	课型	新授
教学目标	知识与能力目标	1. 学习作者抓特点观察、描写的方法，体会用词的贴切、生动，养成积累好词佳句的习惯。 2. 正确、流利、有感情地朗读课文。		
	过程与方法目标	通过对课文的学习过程，学习作者按一定顺序及抓特点进行观察的方法。在指导学生进行阅读训练的同时，有效渗透习作方法的指导，将培养学生的阅读能力和习作能力融为一体，综合培养学生多方面的素质。		
	情感态度与价值观目标	感受作者对翠鸟的喜爱之情，增强爱护野生动物的意识。		
教学重点		学习作者按一定顺序及抓特点进行观察的方法；了解翠鸟的外形和动作的特点。		
教学难点		教学难点是体会翠鸟的外形特点与捕鱼本领之间的关系，透过具体的语句感受作者对鸟的喜爱之情。		
教学用具	教具准备：多媒体课件	教学方法	自主、合作、探究法、直观教学法、演示操作	

教 学 过 程 设 计			
教学环节	教师活动	学生活动	评 析
一、导言入课	同学们，前面我们学习过《燕子》这一课，我们知道了作者抓住了燕子外形和动作的特点，通过细致描写，写出了燕子的活泼可爱。今天咱们再认识一种鸟，它的名字叫翠鸟。（课件展示：翠鸟图片） 这种漂亮的水鸟就是翠鸟，又叫"叼鱼郎"，在我国东部和南部许多地方都能见到。（板书课题）我们一起和它打声招呼吧——	生观察图片。 生齐读课题。	借助多媒体展示，通过联想，使学生感知可爱的翠鸟，激发学生学习的兴趣。

教学环节	教师活动	学生活动	评析
	再亲切一点。它长得漂亮吗？那谁能来夸夸它？ 小结：那现在我们就赶快去看看作者笔下的翠鸟吧！（指生读文） 根据学生的回答伺机板书。	自由表达。 读文并思考：翠鸟给你留下了怎样的印象？ 汇报：漂亮、可爱等。	给每个学生充分想象的空间，体现学生是学习的主人。
二、精读课文，重点品悟	（一）学习外形 1. 总体感知 从哪儿能看出她漂亮啊！ 你们知道作者为什么能把这只小小的翠鸟描述得如此漂亮吗？ 哦，对了！有羽毛这一特点。羽毛都有哪些颜色？ 正是因为他的身上有这么多的色彩，所以作者要说它的颜色——（色彩鲜艳）那谁能想到人们为什么把她叫翠鸟吗？ 2. 具体感受翠鸟外形特点 看来她的名字和他她上的羽毛颜色有关，你真聪明！课文中有这样一个词，（出示：小巧玲珑）来，读一读。谁知道是什么意思？ 课文中是说谁小巧玲珑啊！从哪儿看出来的？ 我们来看看图片，翠鸟的体型真的是——（小巧玲珑），在这段描写中，你还喜欢哪些句子？ 你认为这些句子好在哪儿？ 及时评价：同学们实在是太棒了。	学生找原文读。 学生仔细观察。 橄榄色、翠绿色、浅绿色、赤褐色。 翠有绿的意思，又因为翠鸟身上有很多种绿色，所以，才叫翠鸟。 小巧：小而灵巧；玲珑：精巧细致。形容东西小而精致。 一双透亮灵活的眼睛下面，长着一双又尖又长的嘴。 学生找文中语句：头上的羽毛像橄榄色的头巾，绣满了翠绿色的花纹。背上的羽毛像浅绿色的外衣。腹部的羽毛像赤褐色的衬衫。 （打比方的句子；当成人来写；把翠鸟写得非常可爱）也能看出作者对翠鸟的（喜爱之情）	问题牵动，使学生整体感知翠鸟的漂亮。 抓住文中的关键词语，使学生具体感受翠鸟的美，作者用词的妙。

教学环节	教师活动	学生活动	评 析
	3．引导观察写作顺序： 请再看屏幕，你能不能看出来，作者是按什么顺序写翠鸟的外形的？（引导学生总结出从下到上的顺序。） 小结：写作的顺序很重要，顺序清晰明了，读者读起来就感觉顺畅、舒服。希望大家在日常的习作中要注意写作的顺序。小作者能按一定的顺序对翠鸟进行仔细的观察和形象细腻的描写，才把这样一只活泼、可爱的翠鸟描写得如此生动，仿佛翠鸟就站在我们的面前。 4．指导有感情的朗读课文	学生按顺序说，教师板画翠鸟外形。 学生进一步感悟本文的写作的顺序。 生有感情地朗读课文。（多人读）	学习本文的写作顺序。
	（二）动作敏捷 过渡：翠鸟不仅漂亮而且机灵，还擅长捕鱼。同学们想不想在看看翠鸟捕鱼时的情景啊？（播放课件） 1．指读课文，思考：课文的哪些段落写了你们刚才所看到的情景？当我们看完了录像读过了课文后，翠鸟又给你们留下了怎样的印象？ 2．引导理解重点词句 你是从哪些词或哪些句子看出来的？ 比较句子： 翠鸟叫声清脆，爱贴着水面飞。 翠鸟叫声清脆，爱贴着水面疾飞。	A 鸣声清脆； B 飞的速度极快； 翠鸟鸣声清脆，爱贴着水面疾飞。一眨眼，又轻轻地停在苇秆上了。（疾飞、一眨眼）这句话包含两层意思。一是翠鸟的叫声清脆，非常好听。二是写了翠鸟飞的样子和速度。"贴"说明它飞得很低，紧挨着水面飞，"疾飞"说明了它飞得很快。这就形象地写出了它的飞行特点。	由特点引出习性，进一步了解翠鸟。 比较用词，准确、生动地体现出翠鸟动作轻盈、迅捷的特点。

教学环节	教师活动	学生活动	评　析
	还从哪儿能看出翠鸟的动作迅速？	"鸣声清脆"比"叫声清脆"更合适，虽然"鸣声"和"叫声"都可以指鸟叫，但是前者更准确，同时还含有感情色彩。"爱贴着水面疾飞"比"爱在水面上飞"更能准确、生动地体现出翠鸟动作轻盈、迅捷的特点。	
	比较句子： 翠鸟蹬开苇秆，像箭一样飞过去。 翠鸟蹬开苇秆，很快地飞过去。	翠鸟蹬开苇秆，像箭一样飞过去，叼起小鱼，贴着水面往远处飞走了。只有苇秆还在摇晃，水波还在荡漾。（蹬开、像箭一样、叼起、贴着、只有、还、还） "蹬开"、"像箭一样"说明都是在一刹那间进行的。把它比作箭，就突出了翠鸟捉鱼的迅速、敏捷的特点。	对翠鸟飞走的速度和神态进行了形象的表达。（机灵，反应特别迅速）
	从哪里看出：机灵，反应特别迅速。	"翠鸟蹬开苇秆，像箭一样飞过去"与"翠鸟离开苇秆，很快地飞过去"相比，"蹬开"比"离开"更具体，将翠鸟离开苇秆时的动作、神态、速度生动地描绘了出来；"像箭一样飞过去"是一种比喻的说法，它将翠鸟飞走的速度和神态进行了形象的表达。机灵，反应特别迅速。 小鱼悄悄地把头露出水面，吹了个小泡泡。尽管它这样机灵，还是难以逃脱翠鸟锐利的眼睛。尽管……，还……	学生用情读，感受文章的写作特点，用词美妙之处。读出感情。
	3. 指导朗读（及时评价） 4. 讨论：这两段写出了翠鸟捉鱼的本领，它与前面的外形外形描写有什么关系呢？ 出示图片及第一自然段内容：指导生边听边看。	生朗读课文 生1：翠鸟能停在苇秆上"一动不动地注视着泛着微波的水面"？因为它有一双能"紧紧抓住苇秆"的小爪子，和它那小巧玲珑的身体。 生2：翠鸟为什么目光"锐利"，能发现机灵的小鱼，是因为它有一双"透亮灵活"的眼睛。	

181

教学环节	教师活动	学生活动	评　析
		生3：翠鸟能在疾飞中叼起水中的小鱼，是因为它有一张"又尖又长"的嘴。	
三、总结升华，拓展延伸	5. 小结：正是由于翠鸟在外形上具有上述的特点，它在抓鱼时才会如此的敏捷、迅速。可见作者在写这篇课文很有心，写翠鸟的外形时就已经考虑到了动作描写，这样就做到了前后呼应，融为一体，希望大家学会这种写作方法。 同学们，翠鸟不仅美丽而且机灵，老师真想捉一只来饲养，大家说老师这种想法对吗？为什么？ 同学们说得真好，不错，小鸟跟我们人类一样生活在地球上，它也有它自己生活的权利，她也需要自由，我们不能因为自己的自私而伤害它们，课后请同学们就以"我最喜欢的鸟"为题目，介绍自己所熟悉的鸟的外形、活动特点、生活习性等知识，也可以讲述自己和鸟之间发生的有趣的故事。 最后，老师把这首好听的《叹为观止的美》（播放：翠鸟捕鱼的 flash）送给大家。希望大家要好好地保护它们，跟他们和平相处，跟他们交朋友，这样我们的地球才会越来越美丽……	学生充分表达爱护鸟类、爱护环境、保护生态的想法做法。	德育渗透，爱护鸟类，爱护环境，保护生态。 给学生充分展示的机会。

　　书设计：

　　　　　　　　翠鸟

　　外形————颜色鲜艳　真可爱

　　生活习性———叫声清脆　爱疾飞

　　喜爱————捉鱼　迅速本领高

【自我反思】

这节课设计的大体思路是：在识字写字、阅读理解文章内容的基础上，引导学生掌握阅读方法，迁移运用。第二课时，重点例说《翠鸟》的第一自然段，让学生举一反三。抓住重点词语品味语言，体会作者是怎样把翠鸟写得那么美那么可爱的，然后再把体会到的通过有感情的朗读表现出来。最后让学生仿照课文写一写自己喜欢的小动物。经过如此的准备之后，我走上了讲台。但是课后的感觉是除了完成了既定的目标之外，没有别的，只觉得课是那么的平淡、无味。经过学部领导和同年组的老师的评课之后，我的这份感觉逐渐清晰起来。找到了这节课平淡无味的原因：

1. 教师重点讲解第一自然段，目的是让学生举一反三，运用学到的阅读方法去自学后面的部分。实际上是制约了学生的独特学习方式，其实学生完全可以按照自己喜欢的方式去学习。他们可以采用"书读百遍，其义自见"，可以采用画图来理解课文，可以小组讨论各抒己见，各显神通……又何必让学生按照老师的方法"一二一，齐步走"呢？

2. 第二课时的教学重点是体会作者是怎样写的，为什么要这样写。在我的这节课上重视了抓住重点词，品味语言，学生谈感受，体会得也很到位。但是顾此失彼，读得又不深入。没有明确品味语言的目的。通过这次讲课，我明白了，品味语言的目的是为了更好地理解文本，读也是为理解文本服务的。理解到位了，才能读出感情，才能更深层次地理解课文内容。

3. 课的设计太求全求完整，这一节课，时间上显得紧一些，所以读的不充分，读的不到位。在这一课学完之后，也可以是抛砖引玉拿出另一篇文章放给学生，这一篇文章可能是与刚才学的文章表达相似的，也可能是选材相似的，也可能理解的方法是相同的……让学生把学到的运用于另一篇文章的理解。

【第二次试教】

教学环节	教师活动	学生活动	评 析
一、导入激趣	1. 这节课老师要带同学们去认识一种非常可爱的小鸟，它的名字叫翠鸟，又叫叼鱼郎。（板书课题）从鸟的名字中同学们能发现它的一些特点吗？	学生发言。	
	2. 补充介绍：翠鸟的羽毛鲜艳亮泽，非常美丽；翠鸟的动作十分敏捷，它是叼鱼的高手，能深入水中一米多深去追鱼，小鱼如果被它发现，定难逃命。	学生认真聆听。	由于同学们没见过翠鸟，对翠鸟的知识了解甚少，在上课伊始为学生补充介绍一些有关翠鸟的知识，能有效地激发学生的学习兴趣和求知欲望。
	3. 除了这些，同学们还想知道什么？	样子、习性等。	
二、自读质疑	1. 出示自读要求： ①把课文读通顺，读流利，并想想课文主要讲了什么内容。 ②遇到不理解的词句，可以用查字典、联系上下文或同桌讨论的方法来解决，解决不了的问题做上记号。 2. 自读全文。 3. 检查自读效果。 ①指名分段朗读课文，师生共同评价。 ②CAI课件出示课文第一段，引导学生根据这段内容提出不理解的问题（如：理解"橄榄"可出示实物；理解"苇秆"可依图介绍：苇秆就是芦苇的茎，很细，很光滑，中间是空的。	学生自读，解决字词问题。 生读，互评。 学生根据这段内容提出不理解的问题，与理解课文内容密切相关的问题留待学习课文时探讨，简单的当时解决。	学源于思，思源于疑，学贵有疑。在充分自读后引导学生质疑问难，教师可以更好地了解学生的学习情况，使引导和讲解做到有的放矢，这样做还能调动学生求知的积极性和主动性。
三、理清顺序	1. 默读课文第一段，想想作者是按什么顺序写翠鸟外形的，边读边用铅笔在书上勾画。	边读边用铅笔在书上勾画关键字词。	

教学环节	教师活动	学生活动	评 析
四、抓住特点	2. 指名按课文中叙述的顺序说一说作者先写什么，再写什么，然后写什么，最后写什么。（教师操作 CAI 课件依次画出翠鸟各部分的轮廓。） 3. 说说从总体上看作者是按什么顺序写的？ 写羽毛的部分呢？ 1. 学生分小组再次认真朗读课文，讨论并记住翠鸟各部分的特点。 2. 指名按顺序说说翠鸟各部分的特点。（学生说的同时，教师操作 CAI 课件依次给翠鸟的各部分涂上相应颜色。） 3. 指名从整体上说一说这只翠鸟的特点。 4. 理解"小巧玲珑"的意思。（从三方面进行引导：①补充介绍：翠鸟体形很小，身长只有 15 厘米，相当于大人的拳头那么大；②结合翠鸟停的地方——苇秆的特点进行体会。③观察 CAI 课件中的翠鸟图进行体会。）	学生回答。 从下到上。 先总说，再分说头部、背部、腹部。 学生回答。 小巧玲珑、颜色鲜艳。 学生看 CAI 课件中的彩色翠鸟图，练习按一定的顺序向大家介绍翠鸟的外形。	运用 CAI 课件，化抽象为具体，学生饶有兴趣而又轻松地把握了作者的写作顺序。 这段文字生动形象地描写出了翠鸟的外形特点，为了让学生充分体会作者语言的恰当与精妙，也为了让学生区分众多描写颜色的词语，教师运用 CAI 课件使得翠鸟的形象在学生的头脑中变得鲜活起来，达到了事半功倍的效果。 教师精心搜集课外资料，多方面为学生创设条件，既调动了学生学习的兴趣，又使学生深入地理解了课文内容，留下了极为深刻的印象。 在总体上把握了翠鸟的特点以后，指导学生依图介绍翠鸟的外形，不仅巩固学习了作者按顺序及抓特点进行观察的方法，还考查了学生对文字的理解，进行了说话训练。

185

教学环节	教师活动	学生活动	评 析
五、欣赏总结	1. 课文第一段从爪子、羽毛、眼睛、嘴巴四个方面把翠鸟描写得栩栩如生、活泼可爱。你们认为哪些句子写得最精彩？	学生鉴赏、朗读、回答如：①头上的羽毛像橄榄色的头巾，绣满了翠绿色的花纹。背上的羽毛像浅绿色的外衣，腹部的羽毛像赤褐的衬衫。②头上的羽毛是橄榄色和翠绿的，背上的羽毛是浅绿色的，腹部的羽毛是赤褐色的。	用打比方的方法生动形象地写出了翠鸟的头部、背部、腹部羽毛的特点，从中透出了作者对翠鸟的喜爱之情。
	2. 思考作者为什么能把翠鸟的外形写得如此精彩？	①作者认真地进行了观察并且对翠鸟有着深深的喜爱之情；②写作时，按一定的顺序抓住了翠鸟的特点。	采用对比的方法引导学生感悟作者的精彩之笔，然后进一步让学生明确作者的写作特点，为以后的迁移拓展训练奠定良好的基础。
	3. 指导学生进行有感情地朗读并背诵课文第一段。①学生分小组练习有感情朗读。②指名朗读，师生共同评价，教师有针对性地进行指导。③师配乐有感情朗诵。④学生进行配乐有感情朗读、背诵。	学生分小组练习有感情朗读。 学生欣赏。 学生进行配乐有感情朗读、背诵。	指导学生有感情地朗读、背诵，能帮助学生积累语言，培养学生感受美、鉴赏美的能力。
六、迁移拓展	课外作业：把自己喜爱的一种小动物的外形写出来。要求：①写前要认真观察。②写作时要按一定的顺序，抓住动物的特点。③语句生动连惯，表达出自己的喜爱之情。		教师"授之以渔"，学生循法习作，达到以读促写的目的。

教学环节	教师活动	学生活动	评　析
七、板书设计	翠　鸟 爪子————————小、红 头——————橄榄色、翠绿色 翠鸟羽毛背————浅绿色、颜色鲜艳 腹——————赤褐色、小巧玲 眼睛——————透亮、灵活 嘴巴——————尖、长		

教师公开课后的教学反思：

叶圣陶曾说过："语文教材无非是个例子，凭这个例子要使学生举一反三，练习阅读和写作的熟练技巧。"

在本节课的教学中，我谨遵叶老的教导，根据学生长于形象思维而短于抽象思维的特点及已掌握知识的情况，充分发挥 CAI 课件形象直观的优势，采取读写结合的方法，致力于培养学生多方面的能力，收到较好的成效。具体说来，主要有以下两点突出的感受：

1. 利用 CAI 课件有效地解决了教学中的五个问题：①用精美的画面给学生以强烈的感官刺激，学生有了学习的心理需求，主动性得到了较好的发挥。②弥补了学生没见过翠鸟的缺憾，化解了教材的抽象性和学生理解的形象性之间的矛盾。③通过出示逼真的翠鸟图，使学生对文中描写的众多表示颜色的词语，如："橄榄色"、"赤褐色"、"翠绿色"等，有了直观的认识。④按文中描写的顺序（爪子——羽毛——眼睛——嘴巴）逐步出示翠鸟图，学生轻而易举地弄清了作者的写作顺序。⑤引导学生了解翠鸟的外形特点时，采取逐步给翠鸟涂色的方法，学生印象深刻而具体。

2. 采用读写结合的方法培养了学生多方面的能力。

我认为读和写是个互逆的过程。二者既相互独立，又密切联系。读是理解吸收，写是理解表达。

在本课的教学中，我根据儿童善于模仿的特点，抓住文中读写迁移的基本因素，把阅读课和习作课融为一体，致力导读，以读促写，使读写训练相得益彰，不仅培养了学生的阅读能力，还培养了学生的观察能力，教会了学生写动物外形，培养了学生的习作兴趣，可谓一举多得。

【评价】

教学是一门艺术。本课的教学层次清晰，目标明确，教法适合教材特点及儿童心理特点。教师重视了语言文字训练，很好地发挥了多媒体课件的作用。学生学得轻松而又扎实，既培养了阅读能力，积累了语言，又学到了写动物外形的方法，锻炼了习作能力。充分体现了"教就是为了不教"的教育思想。

具体说来，主要体现在以下几个方面：

1. 教学形象直观

赞可夫说过："教学法一旦触及学生的情绪和意志领域，触及学生的精神需要，就能发挥高度有效的作用。"本文的语言非常生动，描写也很形象，可同学们对课文的主角——翠鸟几乎一无所知，而他们所掌握的知识非常有限，思维形式又是以具体形象思维为主。为了解决这一矛盾，教师充分发挥多媒体课件的作用，把一只鲜活的翠鸟呈现在学生面前，化抽象为具体，既有效地吸引了学生的注意力，又让他们在具体、形象的感知中轻松地区分出了众多的颜色，体会到了作者语言的精妙。

2. 读写紧密结合

读写结合是传统的中国语文教学的精华之一，是提高学生的读写能力，特别是提高学生习作能力的一条好路子。西汉著名的辞赋学家杨雄曾云"能读千赋，则善为之矣！"唐代大诗人杜甫也曾说过"读书破万卷，下笔如有神"。《翠鸟》这篇课文的第一段是一个非常成功的描写动物外形的例子。针对教材特点，教学这一段时，教师把着眼点不单放在了培养学生的阅读能力上，而是将培养学生的阅读能力和培养学生的习作能力紧密地结合起来，让学生不仅学到了语文知识，更学到了习作方法，促进了知识向能力转化。

3. 充分重视"读"的训练

朗读是一种行之有效的学习方法。因为文章的精义妙理，作者的神思妙笔，只有通过反复朗读才能体味得到，成功的朗读可激起学生的感情共鸣，帮助学生理解知识，积累语言。《翠鸟》这一课，语言生动而准确，字里行间都透着作者对翠鸟的深深喜爱之情。在教学中，教师有目的、有层次、扎扎实实地进行了读的训练：首先初读——感知课文内容，接着默读——理清写作顺序，然后研读——抓住各部分特点，最后赏读——感悟美的语言。

4. 充分发挥"导"的作用

古希腊生物学家、教育家普罗塔戈说过："头脑不是一个要被填满的容器，而是一把需被点燃的火把。"在这节课的教学中，教师遵循"以学生为主体，以教师为主导，以训练为主线"的原则，遮免了生硬的说教方式，每一个教学环节教师都进行了精心的设计，采用了很多方法，搜集了很多课外资料，在整个教学过程中教师一步一步地诱导学生思考，"点睛之笔"疏通学生理解上的难点，同时又不失时机地锻炼学生的各种能力。从自读质疑，到理清顺序，到抓住特点，再到欣赏总结，直至最后的迁移写作，教师"导"得自如，"导"得有力，而学生则始终在一种愉快的氛围中读书、思考、表达，语文教学的课堂真正变成了学生学习的学堂。

第二节　小学各科教学设计案例赏析

案例一　《角的认识》教学设计

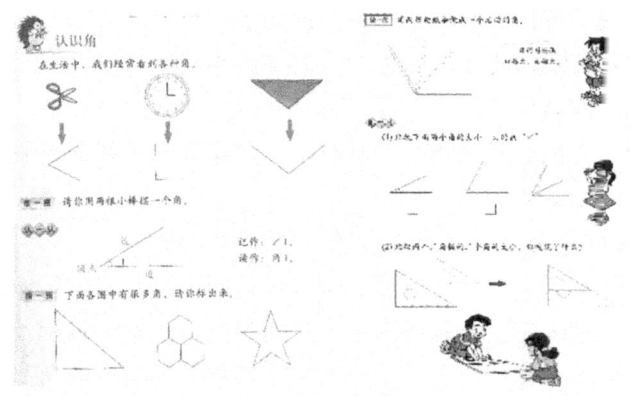

一、教材分析

《认识角》一课选自北师大版小学数学二年级下册第七单元《认识图形》。本节课是在学生初步认识长方形、正方形、三角形等几何图形的基础上进行教学的。本节课引导学生从观察生活中的实物开始，逐步抽象出角的几何图形，为以后学习较复杂的几何知识奠定基础。

二、学情分析

角在生活中随处可见，学生对角已经有了模糊的概念。本节课力求让学生在已有经验的基础上抽象出角的图形，发展学生的空间观念、想象能力和操作能力。

教师针对低年级学生以具体形象思维为主的特点，让学生通过直观操作获得大量的感性材料，在大脑中形成表象，然后引导学生进行分析、比较、抽象、概括等思维活动，使学生初步形成角的概念；又引导学生通过动手、动口、动脑，参与新知识的形成过程。

三、教学理念

课程标准中指出："学生的学习内容应该是现实的，有意义的，富有挑战性的。"可以想见，一节课，如果只有一个很好的问题情境，而没有一个富于挑战性的问题，没有学生对知识的主观需求内容，学生势必会感到兴味索然。本节课采用了探索式教学方法。在教学过程中，教师针对所学内容精心选择有趣而又能激发学生思考的材料，设计问题，引导学生探索。具体做法：影像激趣——整体感知——利用媒体建立概念——指导实践。

共建"好玩"问题情境应遵循的原则是：

（1）寻找学习内容与学生生活的结合点。

（2）利用儿童的特点，激发学生的学习兴趣。

四、教学媒体设计

本节课运用的电教媒体是：计算机、蒙泰瑶光多媒体自制课件和实物投影仪。

1. 计算机及自制蒙泰瑶光多媒体课件的应用

（1）激趣导入，出示长方形、正方形、圆、三角形实物图。

（2）初步感知角，计算机展示由三角形过渡到角的过程。

（3）对角的感性认识，出示三角板、手机等实物中的角。

（4）利用计算机的动感功能，教学折角的方法。

（5）出示角的练习题。

（6）利用计算机优势，由三角板的实物直观过渡到角的几何图形的抽象直观。

2. 实物投影仪的应用

（1）做活动角，学生尝试用硬纸条做出活动角后，让学生展示自己所得到的角。

（2）讨论角的大小与哪些因素有关系，在学生进行讨论得出结论后，用实物投影仪将不同的讨论结果进行交流。

（3）画角，在学生对角有了感性认识后，尝试动手画角的图形。

（4）练习画角，教师讲解了角的各部分名称及角的正确画法后，让学生练习画角，展示作品，为比较得出角的相同点与不同点打下基础。

五、教学内容

课题	《认识角》第一课时		课型	新授
教学目标	知识与能力目标	结合生活情景认识角，了解并掌握角的特点及各部分名称，能正确找出物体表面和平面图形中的角。		
	过程与方法目标	在观察和操作等活动中体会角大小与边的关系。发展学生的空间观念。		
	情感态度与价值观目标	感受数学与生活的密切联系，体验学习的快乐。		
教学重点	能正确找出生活中和平面图形中的角，知道角的各部分名称，会比较角的大小。			
教学难点	感受角的大小与两边的张开程度有关。			
教学用具	教具准备：多媒体课件 学具准备：三角板	教学方法	自主、合作、探究法、直观教学法、演示操作	

教　学　过　程　设　计			
教学环节	教师活动	学生活动	评　析
一、创设情境、激发兴趣。	大家喜欢看动画片的举手，今天老师也给大家带来一部新的动画片，一起去看看吧！这些线段都组成图形了吗？这里面有我们学过的图形吗？哪些是你学过的？大家都说对了，再看看这个没学过吗？他叫什么名字？还剩下的两个图形你知道他的名字吗？（指□说）下节课我们要认识。你知道他的名字吗？（指着角说）今天，我们就来和角交朋友，一起来认识角。	学生通过观察，找出学过的图形和未接触到的陌生图形，从而揭示课题"认识角"。	"兴趣是最好的老师"，通过生动的动画课件激发学生学习的兴趣。为新课的展开做了调整。
二、组织活动，探索新知	1. 找角 根我了解，角是几何王国里最调皮的家伙，这不，大家想认识它，他又藏起来了。咱们去找找吧！看看它藏在哪了。（出示图片） 剪子上有角吗？ 红领巾上有角吗？ 扇子：这回角藏在哪了？ 看来大家还是比角更厉害，一下子把藏在物体上的角给找了出来。 2. 感知特点，定义角 那么请你观察一下，这些角有长得一样的地方吗？ 是什么样的线呢？ 大家找得很准，再看看老师的三角板上有角吗？谁来指一指？ 师评价：他说得很对，但指的有些问题。 把你的三角板拿出来和老师一起指一下角。	学生通过寻找物体上的角，体会角在物体表面上。 张开的地方，就说剪刀的开口处就形成了我们要认识的角。 红领巾上一共有3个角。 每个角上都有一个小尖，都有两条线。 直直的 学生指说。 学生跟着老师做。	通过找角——摸角——画角——观察角的大小与边的关系这几个小的环节让学生在自主学习中探索新知。

教学环节	教师活动	学生活动	评　析
	先看老师怎么指角，你再指角。 再用你的小手心儿，碰一碰这个角的顶端，什么感受？ 再从这个尖尖的地方出发，向上摸一摸，你摸它长什么样呀！再向下摸一摸，摸到他的样子吗？ 摸顶端这是什么感觉——尖尖的，我们就把这尖尖的地方叫做角的顶点。 我们又沿着这个顶点向上摸，向下摸，摸到这两条线是什么样？我们就把这两条直直的线叫做角的边。 请你观察这三个角，每个角都有几个顶点？每个角都有几条边？ 小结：那么，我们就把由一个顶点和两条边组成的图形叫角。 辨析角： 3．画角 你来猜猜该怎么画角呢？先画什么？再画什么？	尖尖的。 学生通过摸一摸的活动感觉得到角的样子。 总结出角是由一个顶点和两条直边所组成的。 学生找边与顶点。 学生辨析角。	初步认识角，知道角的各部分名称。 初步学会用直尺画角。

教学环节	教师活动	学生活动	评 析
	没关系，我们让几何王国中的角为我们介绍一下吧！ 小手拿出来和老师一起画角。在你的本上画一个角。 4．表示角 通常，我们用一个小弧线标明角，并给角标号码（边讲解边演示） 如1，∠1 我们就把这角记做∠1 读作角1。 除了用数字表示外，还可以用字母表示，谁能用字母把这个角标明下，他叫角什么？ 现在用你喜欢的数字或字母把你的角标出来。 你的角标好了吗？你的角读作什么？（汇报） 5．数角 三角形中有几个角？正方形中有几个角？（出示三角形、正方形） 下面三个有些难度？你能画一画，数一数吗？	学生说画角的方法，意见不统一。 学生掌握画角的方法并学会标记角。 学生汇报。 学生数角。小讨论，对角的个数是多少产生分歧。	学生动手"做数学"，增加了学习的乐趣。 教师对作角的方法适当调整，规范写法、做法很有必要。 这三个问题对于学生有一定的挑战性，尤其外角的寻找，这一环节题目的设置好。
	6．比较角的大小 （1）重叠法 看老师手里的两个三角形，我想任意将每个三角形上面的一个角进行比较，你有什么好方法帮我比一比吗？看看哪个角大，哪个角小，怎么观察的？ （2）活动角（小游戏） 老师手里拿的是一个可以活动的角，叫做活动角。 他说变大就变大，说变小就变小，想一起感受"一下"下吗？拿出你的活动角。	学生拿三角板和老师比一比，同桌比一比。	通过观察操作，培养学生的抽象概括能力、参与意识和参与能力及初步的空间观念，并对学生进行事物是运动发展变化的辩证唯物主义观点的启蒙教育。

教学环节	教师活动	学生活动	评　析
	跟着老师一起做，变大角大了吗？变大，再变大。变小，变小，再变小。 说说角是怎样变大的？怎样变小的？	跟着老师一起做，体会角的大小的变化。	
三、巩固练习，拓展延伸	得出结论：通过两个角的争辩，我们得到角的大小与边的长短无关。 1. 先做一组抢答题，看谁能抢到 （1）角有（　）个顶点，（　）条边。 （2）角的（　）越大，角越大。 （3）角的大小与两边的（　）无关。 （4）角的大小与两边的（　）有关。 2. 再来数一数，图形中藏了多少个角	学生通过观察总结出：角的大小，与两条边的长短无关。	设计分层次的练习题，有助于学生由易到难地有层次地掌握新知内容。 1. 抢答题——帮助学生加深对角的理解。 2. 数角——通过数角来帮助学生认识平面图形中的角。 3. 找角——让学生找一找身边的角。 4. 欣赏生活中的角，感受数学应用的广泛、数学的美。
	  3. 既然能找到图形中的角，能说说我们身边哪有角吗？ 其实角在我们的生活中无处不在。 4. 知识延伸，欣赏角 老师也找到了一些生活中的角，我们一起欣赏一下。 一些漂亮的建筑上也应用着我们认识的角。	学生通过各种各样的练习题巩固本节课所学的知识。	

教学环节	教师活动	学生活动	评 析
四、归纳总结	可见，虽然我们认为的角不起眼，用处都很大。 看着大家学得这么好，在下课前，老师也送给大家一首关于角的儿歌，帮助大家记住角： **小小角** 小小角，真简单， 一个顶点两条边。 画角时，要牢记， 先画顶点再画边。	通过读一首关于角的儿歌，帮助学生记住角的特征。	数学儿歌言简意赅，记忆更久，有助于提高学生整理信息的能力。

板书设计：

认识角
角是由一个顶点和两条边组成的。

认识角的各部分名称

顶点 边 边

角的大小与边的长短无关，与角开口的大小有关。

执教：高爽

【评析】

教学目标设计合理准确，无论是教学内容的选取，还是各环节的安排，都符合学生的年龄特点、学习基础，教学全过程充实饱满，教学方法灵活多样，是比较成功的一节好课，具体体现在：

1．教学理念符合新课程改革的要求

课程伊始从学生原有的知识基础出发，选择学生生活中熟悉的物品，通过观察，经历找角——摸角——画角——观察角的大小与边的关系，在活动中尊重学生的主体地位，注重学生间的交往合作，教师是学生学习的引导者、合作者，师生关系融洽。

2．教学方法选择恰到好处

在整课的学习过程中，教学方法灵活多样，无论是教师的启发引导还是学生在自主学习中探索，无论是教师的演示还是学生的动手操作都恰到好处，水到渠成，自然流畅。

3．学法指导有新意

学会学习是学生受用一生的本领，在本课中教师非常关注学生的学，从学生摸角的方法，到学生画角的过程，乃至记忆方法的小儿歌，都看到了教师非常注重指导学生学习的方法、过程，关注学生的个体差异，鼓励学生大胆创新。

4．三维目标落实全面

整个教学过程流畅，各环节紧密，在各知识点的掌握、学习过程中的体验，情感态度价值观的渗透方面各有千秋，使目标得以充分落实。

总之，本课课堂教学不仅是学生学习知识的过程，而且是师生共同建构知识的过程；不止是对学生进行思维训练的过程，而且是学生得到发展、形成健康人格的过程；不是教师个人表演和展示才能的过程，而是师生交往互动、共同激发生命活力的过程：不失为一节好课！

案例二　《认识图形》教学设计

教学内容:

北师大版小学教学一年级上册《认识图形》

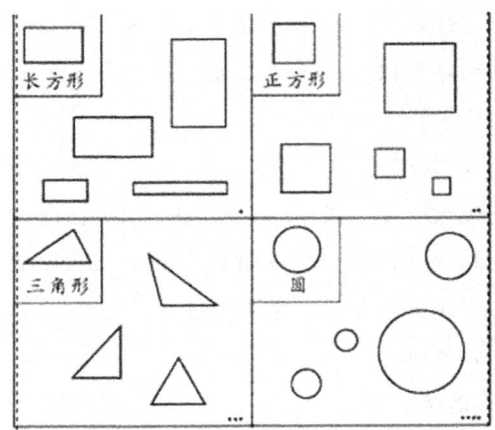

教学目标:

1. 在操作活动中认识长方形、正方形、三角形和圆,体会"面在体上"。

2. 体会长方形、正方形、三角形和圆在生活中普遍存在,并能从具体情境中辨别这几种图形。

3. 在动手实践中合作交流,在自主探究的过程中培养操作、观察、表达及思维能力,并发展空间观念。

4. 培养学生的合作意识和创新精神,体验数学学习的乐趣。

教学用具:

课件、立体图形(圆柱体、三棱柱、长方体、正方体)、彩色图形卡片教学过程：

教学环节	教师活动	学生活动	评　析
一、情境创设	导语：喜欢看动画吗？今天，老师为你们带来了一段精彩的动画，名字叫《雪地里的小画家》，我们一起来欣赏吧！（课件播放动画，雪地上留下了一串串小动物的脚印，并配音：下雪啦！下雪啦！雪地里来了一群小画家，小鸡画竹叶，小狗画梅花，小鸭画枫叶，小马画月牙，不用颜料，不用笔，几步就成一幅画！） 师：这些小画家的画漂亮吗？他们画的是什么？ 师：那你们知道这漂亮的竹叶、梅花、枫叶，还有弯弯的月牙是怎么来的吗？正是这群可爱的小画家走过雪地时留下来的串串脚印，才画出了这幅美丽的图画！其实，我们的手印或脚印也可以构成一幅美丽的图画！怎样才能把自己的手印或脚印也留下来呢？同学们先自己思考一下，然后把你的想法在小组里说一说。 师根据学生回答总结板书：印、描…… 师：同学们可真聪明！想出了这么多好办法！老师告诉你们，这些方法在我们的数学课堂上用处可大了，它可以帮助我们学好数学！一会儿呀，我们就用这些方法学习新知识。	学生欣赏、思考。 自由发言，说出各种小动物画出的图案。 小动物的脚印。 学生独立思考后，小组交流汇报。	以学生感兴趣的童话故事导课，拉近的课程内容与学生学习心理的距离，学生兴趣浓，有助于新课的学习。 小组合作，培养学生合作意识、合作能力，学生的主体地位得以充分发挥。

教学环节	教师活动	学生活动	评 析
二、探究新知	1. 动手操作，体验"面由体来" （出示长方体、正方体、圆柱体、三棱柱） 今天老师带来了我们的老朋友，还认识它们吗？（出示三棱柱，告知学生叫三棱柱） 师：有什么感觉？	学生把手放在这些物体的面上摸一摸，说出感觉，汇报摸的是哪个面，有什么感觉。	探究是新课程倡导的教学理念，教师在教学中引导学生做一做、摸一摸，利用多种感官"做数学"。
	师：你能把这些平平的面的形状留在纸上吗？（提出活动要求）。找一个小组到黑板上来描。 小组活动，师巡视指导。	动手操作：同桌两人一小组，这张白纸上有四个格，每个格里放一个图形，要互相谦让，互相帮助，合作完成。 找一个小组到黑板上来描。	
	2. 展览作品，抽象出平面图形，认识平面图形。（展示不同方法完成的作品，学生评价） 师：咱们班同学可真是个心灵手巧，用不同的方法得到了各种不同形状的有趣的图形！ 共同欣赏一下黑板上同学的作品。把图形放大，贴上彩色图形。	学生评价。 共同欣赏黑板上同学的作品。	学生在玩中学。
	师：你知道他们叫什么名字吗？（师板书：长方形、正方形、三角形、圆）这就是我们今天要认识的图形！（板书课题：认识图形） 师：想一想，刚才我们描出的、印出的这些图形来自哪啊？	生回答：长方形、正方形、三角形、圆等。 生回答。 再说说每个立体图形上有几个这样的面。	

教学环节	教师活动	学生活动	评　析
	（师出示三棱柱） 师：这上面我们找到了两个三角形，在它身上能找到长方形吗？（师画出长方形并指出长方形不仅在长方体上有，其他物体上也可能有） 师：这些面摸起来都是平平的，我们把这样的图形叫做平面图形。	学生感知。	学生摸一摸，感受面摸起来都是平平的，使学生通过亲身体验直接获得活动经验。
三、练习巩固	1. 变形后认一认 （逐个出示各种图形纸片横放、竖放、斜放） 师：还是原来的图形吗？ 师小结：也就是说，原来的图形无论横放、竖放还是斜放，他仍然还是原来的图形。 2. 辨一辨，认一认 师：这些图形在黑板上在老师的手里你们都认识了，他们跑到电脑里你还认识他们吗？（课件出示开火车认图形） 3. 认识图形特点 师：同学们认得又对又快，那你们是怎么辨认的呢？他们长得有什么特点？ 4. 找一找 师：在我们的生活中，许多物体或者建筑物的面上都有我们今天所认识的图形，现在老师就带着大家到生活中去走一走，看一看！（课件播放） 师：同学们知道了这个交通标志牌的表面形状，那你知道它表示什么意思吗？	学生辨认、回答。 学生开火车认图形。 生汇报。 律动：看星。 观看生活中实物：自行车轮子形状是圆形，魔方的形状是正方形，……交通标志牌的表面是……	变式训练，强化知识，有助于知识的巩固。 及时反馈评价，调整教学内容，培养竞争意识，激发学习兴趣。 教学素材选择学生感兴趣、贴近学生生活的内容。

教学环节	教师活动	学生活动	评 析
	师：生活中还有许许多多交通标志牌，上面有各种各样的形状，看一看！（出示多个交通标志牌）这些交通标志牌表示不同的意思，所以我们乘车或走路的时候一定要看交通标志牌，遵守交通规则，注意安全。 师：刚才我们看到了有许多物体上都有今天我们学过的图形，那在我们的生活中，在我们身边还有哪些物体的面的形状是我们所认识的这些图形？你能找到吗？	在我们的生活中，在我们身边找物体的面的形状是这些图形的。	
四、拓展延伸	1. 猜一猜 师：今天我们学的这四个图形很调皮，要和我们玩一个捉迷藏的游戏。他们都躲到了树叶后面，猜猜他们可能是谁？（课件出示） 2. 作品展 今天所认识的图形还可以拼出五彩缤纷的图案，老师这有一些小朋友的作品，看一看！（课件展示由各种图形接贴成的漂亮图案，配音乐） 师：你也想做吗？课下自己动手当个小小设计师，用我们灵活的小手拼贴精美漂亮的图案，下节课我们也来个小小作品展，好不好？	学生玩捉迷藏的游戏，猜躲到树叶后面的图形。 学生欣赏各种图形接贴成的漂亮图案。	玩中学。 学生是学习的主人，给学生充分展示的机会，三维目标落实到位。
五、板书设计	认识图形 长方形　正方形　三角形　圆形		板书设计简洁明了，运用图示，符合低年级孩子的年龄特点。

执教者：赵　伟

202

【评析】

认识图形对于一年级的孩子是有趣又新鲜的内容，课程伊始学生就被《雪地里的小画家》中的各个小动物在雪地上留下的各式各样的小脚印的图案深深吸引，这正是他们儿时所看动画片的画面，在这种情景下学习数学知识完全没有枯燥感。在本节课的学习中有几个突出的特点值得肯定：

1. 将数学学习融入到儿童的生活中

新课程倡导将数学学习回归于儿童的生活，这已成为当今转变小学数学教育观念的一个重大命题，积木是学生们小时候都玩过的玩具，结合学生原有的活动经验，教师出示长方体、正方体、圆柱体、三棱柱，使学生摸一摸，感知它们的面，将儿童的数学学习真正回归到儿童的生活中去，让他们在自己寻找、发现探索中认识和掌握数学。

2. 注重儿童数学活动经验的积累

探究是新课程倡导的教学理念，教师在教学中引导学生做一做、摸一摸，利用多种感官"做数学"，从"摸一摸，说出感觉"，到"把这些平平的面的形状留在纸上"完全由学生自己亲自动手操作获得平面图形，教师给学生提供了充分获得直接经验的机会，使学生通过仔细观察、粗略的发现等一系列活动发现事实，有助于学生学会学习。

3. 运用评价不断调整学习过程

评价是一把双刃剑，教师在教学中不断运用反馈评价，激发学生学习过程，无论是教师评价、学生间的互评还是学生的自我评价，教师都把它当成一个有效教学的极好契机，掌握数学知识的同时进行情感渗透，使三维目标有效落实。

案例三《字母表示数》教学设计

教学内容：

北师大版小学数学四年级下册《字母表示数》

内容分析：

字母表示数是小学生学习代数知识的开端。字母表示数看似平常，却包含丰富的内涵，它不仅导致了大量的数学发现，而且对人类的文化

和科技的发展具有重要的作用。这部分的内容的学习是算术知识向代数知识的过渡，是未来代数知识的学习基础，通过本内容的学习感受和理解用字母表示数的意义，体会用字母表示数的必要性；结合具体的情境，学会用字母表示数，用含有字母的式子表示数量关系和变化规律，帮助学生建立符号意识，以便能从具体情景中探索、抽象出数量关系和变化规律。

学情分析：

四年级在小学阶段是过渡年级，是孩子跨入中高年级的起始年级，同时，四年级是孩子学习习惯、学习态度从可塑性强转向逐渐定型的重要过渡阶段，因此在教学中要以学生为本，选择四年级孩子感兴趣的内容设计教学内容。本课以学生感兴趣的发生在身边的招领启示为题材，课程伊始就紧紧抓住了学生好奇心、求知欲，为了激发学生的学习兴趣，使学生体会合作与成功的快乐，通过学生的亲身体验，感受到数学知识与生活的紧密联系。

教学目标：

1. 通过丰富的实例，学生体验、感受和理解用字母表示数的意义，体会用字母表示数的必要性；结合具体的情境，学会用字母表示数，用含有字母的式子表示数量关系和变化规律，帮助学生建立符号感。

2. 学生通过小游戏和有趣的儿歌，从具体情景中探索、抽象出数量关系和变化规律，培养学生的抽象概括能力，同时向学生渗透函数思想。

3. 创设恰当的问题情景充分让学生自由地、主动地进行思考、归纳和相互讨论，从中使学生体会合作与成功的快乐，通过学生的亲身体验，感受到数学知识与生活的紧密联系。

教学重点：

学生学会用字母表示数、用含有字母的式子表示简单的数量关系及变化规律。

教学难点：

理解用字母表示数的意义，从具体情境中抽象出数量关系。

教学过程：

教学环节	教师活动	学生活动	评 析
一、情境导入	同学们，在我们学校好人好事层出不穷。一天老师在进门大厅前看到了一则失物招领启示，请看。（课件出示：失物招领启示） 失 物 招 领 王东同学于 5 月 15 日中午，在学校校园内拾到人民币 N 元，请失主到学校大队部辅导员处认领。少先队大队部 5 月 15 日 想一想，这则失物招领启示有什么特别之处？为什么用字母 N 表示，怎么不说出具体的钱数呢？你猜猜可能是多少钱？也就是符合实际情况的数。 如果不用字母 N 表示，还可以用哪些字母来表示？任意字母都可以。 小结：看来在某些情况下，可以用字母代替某些数。（板书：数）这节课我们就来研究"字母表示数"。（板书课题：字母表示数）	 用字母 N 表示钱数。 怕冒领。 20 元、25.4 元…… A、T 、Y、X……	选择学生身边的感兴趣的问题激发学生的学习兴趣，导课设计紧扣教学内容，铺垫顺畅，恰当巧妙。同时又进行了德育渗透，是对学生情感态度价值观培养的极好时机。
二、活动探究	活动（一）"猜人数" 请大家注意听，老师现在有一个很难很难的问题，咱班有多少人？四年级呢？那你知道全校多少人吗？当我们不知道或不确定某数时，可以用字母表示它。在同一个问题里，不同字母一般代表不同的数。 活动（二）"猜年龄"	 学生一一回答。	精心设计板书。

教学环节	教师活动	学生活动	评 析
	1. 游戏引入 老师想和大家做个游戏，请你们猜猜老师今年有多大？ 大家的意见不一致，没有关系，一会儿你们就知道老师今年有多大了。现在老师先来猜猜你们的年龄。 你们大多数同学应该是 11 岁，对吗？我们就以 11 岁为标准，现在老师告诉你们，我比你们大 19 岁，你知道我今年多大吗？你能用一个式子表示出老师的年龄吗？（师输入算式）你可以像我这样，说说你几岁时，老师多大？仔细观察表格里的式子，它们有什么共同的特点？	学生猜测：…… 学生猜老师的年龄，兴趣盎然。 大部分学生认同。 30 岁 11＋19 学生总结特点。	选择学生最熟悉的身边内容，老师的年龄、学生的年龄都是学生觉得有趣、可以拉近师生关系的素材，小内容设计中蕴含大智慧。
	2. 探索表示方法 根据这个规律，你能用一个式子，把所有同学的想法都表示出来吗？大家想办法，同桌之间研究一下。 生交流汇报，A 表示什么？有未知就有已知，谁是已知的？它还用字母表示吗？ 你能像老师这样想一下，A 可以是几？年龄是有一定限制的，字母取值也是有一定范围的。	学生研究、汇报。 A＋19，A 表示学生年龄，是不确定的，未知的，19 是已知的。	在教师的引导下，以问题解决为主线，尝试探索，一环紧扣一环，有助于目标实现。
	3. 应用 现在用 M 表示老师的年龄，你知道学生的年龄吗？你怎么想？当我 50 岁时，你们的年龄是……	学生猜。 M－19 31 岁	

教学环节	教师活动	学生活动	评 析
	师小结：我们发现字母可以表示数量，含有字母的式子既可以表示数，也可以表示数量关系，用这样一个含有字母的式子，可以表示很多人的想法。 活动（三）"数青蛙" 1. 情境引入，激发兴趣。 师：我们放松一下，一起来读一首好玩的儿歌。（课件出示） 一只青蛙——一只青蛙一张嘴，两只眼睛四条腿。（请学生接着说） 两只青蛙——两只青蛙两张嘴，四只眼睛八条腿。 三只青蛙——三只青蛙三张嘴，六只眼睛十二条腿。 …… 怎么想才能把数算准？再来一次，一只青蛙一张嘴，两只眼睛四条腿，扑通一声跳下水。 能用字母编写成一句话的儿歌吗？小组研究一下。c可以表示几？小数行吗？ 2. 介绍简单写法和读法 用字母表示，就可以把这首儿歌变得很简单。我还能把这首儿歌变得更简单，你想知道吗？（出示资料）请大家读一读。 书写含有字母的式子时：	生再接读儿歌。 c只青蛙c张嘴，$2×c$只眼睛$4×c$条腿。 学生读。	数青蛙的活动又是在教师的精心设计之下，使学生在原有的知识基础上，在玩中学。 采用读一读，想一想的形式改变学生的学习方式，教给学生学习方法。

教学环节	教师活动	学生活动	评　析
	(1) 数字和字母相乘时，乘号可以记作"·"，也可以省略不写。当省略乘号时，数字应写在字母的前边。如 2×a，可以表示为 2·a 或 2a。 (2) 当字母与字母相乘时，乘号可以省略不写，或用"·"表示。如 a×b，可以表示为 a·b 或者 ab。 你读明白了什么？那 2×n 可以写成？4×n 可以怎么写？同学们真聪明！ 3. 练习：火眼金睛辨对错，并说明原因。 4. 用字母表示计算公式和运算定律。 (1) 字母不但可以表示数，数量关系，还可以表示图形的计算公式呢！（课件出示长方形和正方形）你能用含有字母的式子来表示它们的周长和面积吗？ 重点讲 s＝a^2，读作 a 的 2 次方，通常读作 a 的平方，表示两个 a 相乘。（2a 与 a^2 的区别） (2) 出示一句话，你能用字母表示吗？ 这是我们以前学过的加法交换律，如何用字母表示？（表格出示）回忆学过的运算定律？每组研究一个定律，写在本子上，汇报。	2n 4n 学生回答，说明原因。 学生试着写公式，展示汇报。 两个数相加，交换加数的位置，和不变。 a＋b＝b＋a 小组合作，选代表汇报。	

教学环节	教师活动	学生活动	评　析
	5. 小结：通过刚才的学习，我们发现，用字母可以表示数量，含有字母的式子可以表示数量关系、计算公式和运算定律。你还知道字母可以表示什么呢？用字母表示有什么好处呢？（板书）	学生回答，欣赏课件，出示：车牌、扑克牌、店铺名称等。简单明了，易学易记。	
三、巩固应用	1. 小手游戏引入 (1) 伸出你的 1 只小手，看到了什么？1 只手有 5 个手指，2 只手有 10 个手指……n 只手有（　）个手指。 (2) 公交车上原来有 28 人，到新玛特时下车 a 人，上车 b 人，现在车上一共有（　）人？ (3) 北京到上海的路程是 s 千米，如果每小时行驶 120 千米，（　）小时到达上海。如果每小时行驶 v 千米，（　）小时到达上海。 (4) 下面苏老师邀请大家一起去购物： 苏老师带了 100 元钱去买体育用品：已知一个篮球 x 元，一个足球 y 元，一个排球 z 元。请说说每个式子分别表示什么？ x＋y　y－z　100－3y　100－（x＋2y） 接下来："你提问，他回答。"学生提问，学生回答。	学生思考口答。 学生互问互答。	形式多样。
四、教学总结	学好用字母表示数，对我们今后的学习将会有很大的帮助。		

教学环节	教师活动	学生活动	评 析
五、板书设计	字母表示数 数 数量关系 ⎫ 计算公式 ⎬ 简单明了易学易 运算定律 ⎭ 记……		板书清晰、明了、简洁，重点突出。

执教：苏越超

【评析】

"字母表示数"是小学算术向代数过渡的第一课，教师的教学设计选用通俗易懂、学生感兴趣的例子，把本是枯燥的用字母表示数的内容变得有趣，丰富了学生对数的认识。

1. 情境创设为前提

情境导入选择学生身边常常发生的、学生熟悉的问题——失物招领启示，通过教师的引导学生感知用字母表示数的重要性，通过猜想学生明白了字母应用的价值。

2. 探究学习为主线

教师创设"猜人数"、"猜年龄"等教学情境，使学生在游戏中以问题解决为主线，尝试探索，获得探究的体验，在"数青蛙"的教学活动中，学生又将自己的活动经验呈现在老师同学面前，不断反思修正，检验他们获得的结果。在一环紧扣一环的探究过程中，学生经历了知识发生发展的全过程，在游戏中获得了成功地体验，也有利于学生非智力因素的发展。

案例四《月亮毯》教学设计（第一课时）

教学内容：

北师大版小学课文三年级下册《月亮毯》

课文内容：

教学目标：

1. 在朗读课文的过程中，对照生字表圈画出本课的生字，借助汉语拼音正确认读，并在游戏活动中巩固生字，积累词语。

2. 正确、流利、有感情地朗读课文，背诵第二自然段。

3. 运用想象、编口诀等记字方法，记住"棉"、"图"、"匹"的字形结构，并在识记过程中感受学习汉字的乐趣。

4. 观察字帖，按照正确的笔顺规范地书写三个汉字，体会汉字的形体美。

教学重点、难点：

1. 认识 5 个生字，会写 3 个字。

2. 正确、流利、有感情地朗读，背诵课文第二段。

教学准备：多媒体课件

教学过程：

一、谈话导入

同学们，你们知道吗，有一个跟你们一样大的小朋友叫丁丁，他的爸爸在很远很远的地方给他带回一块漂亮的月亮毯。今天我们就一起学习 22 课《月亮毯》。板书课题——月亮毯（生齐读）。

（直接点题，导入简洁明了。）

二、质疑

师：看到这个课题你有什么想问的吗？（根据学生的回答板书）就让我们带着这些问题来学习课文。

（学生是学习的主体，尊重学生，充分发挥学生学习的主动性。）

三、初读课文

1. 请同学们大声朗读课文，注意要借助拼音把字音读准，读后拿出铅笔标出自然段。

2. 汇报：一共几个自然段？（4 个）同桌看一看划分的对吗？不对的帮忙改正过来。

3. 用你积累的识字方法把圈出来的生字学一学。

四、随文识字

（一）学习第一段

1. 这块月亮毯是从哪来的呢？我们拿好书，读第一自然段。

生练读，再指生读。

（泛读。）

2. 识字

读书的时候，你认识这个字了吗？（课件出示："埃"）这是今天我们要认识的第一个字。谁会读？它读第一声，再读一遍。

（课件出示"埃及"）看，这个词你会读吗？指名读，开火车读。

3. 背景介绍

师：知道埃及吗？你对埃及有哪些了解呢？

生介绍：埃及就是爸爸工作的地方，它是一个国家的名字。埃及里有古老的金字塔和狮身人面像，还有美丽的尼罗河。（课件出示：埃及金字塔、尼罗河、狮身人面像的画面，老师做补充介绍。）

4. 再读第一段，现在你知道这块棉线毯是从什么地方来的吗？（板书：埃及）

5. 从这样一个神秘的国度带来的棉线毯，究竟是什么样子呢？快来读读第二自然段，尤其注意读好圈出来的生字。

（二）学习第二段

1. 识字。自由读课文第二段。找到答案了吗？这是一块什么样的棉线毯？你能用一个词来形容吗？（板书：漂亮）读书时你注意到这个字了吗？（课件出示："案"字）看看它的上半部分，想一下，这个字念什么？它是一个形声字。再读词"图案"。再读这个句子："毯子上的图案美极了！"

2. 到底美在哪呢？我们来读下面几句话。注意把字音读准，句子读连贯。（课件出示 2、3 句）自由练习读。指生读。

（通过读，使学生感受句意，要求学生读出感情，读出美感，在读中感受作者对棉线毯的喜爱之情。）

3. 课件出示生字"匹"。说一说怎样记住它的，有什么好办法吗？能组个词吗？

读字"骆"、"驼"。连起来读这个词，两个字组成了词"骆驼"后一个字就要读轻声。这两个字长得很像，要看清楚，认识他们。（匹、骆、驼三个字互练）再读读这个词组：一匹骆驼。

4. 范读（1、2、3 句）（课件出示月夜沙漠骆驼动画）多美的画面啊，像老师这样你们也把它读出来。自由练，再指生读句子。

5. 指导读。（课件出示 1、2、3 句话）

师：你觉得这块月亮毯怎么样？

师：是啊，它多么漂亮啊，美极了。谁来夸夸它。

（指生读 1、2 句。齐读 1、2 句话）

师：第 2 句它美在哪呢？我们往下接着读，（第 2 句话）指生读。

师：那深蓝色的夜空，那弯弯的月亮，那夜空中点点的繁星，多美的月夜啊，你想象一下，把这句话再读一读。

生练，再指读。接着往下读，生读。

师：你觉得神秘吗？（师范读，生练习读一读，齐读）

师：读得多好啊，我仿佛看见了这神秘的金字塔、月色中慢慢行走的骆驼。

6. 背诵。

师：这么美的画面！我们试着把这几句话背下来！（练习背诵）

借助画面背诵（看课件上的画面），看着画面，我们一起试着背下来。背给你的同桌听，谁会背了，告诉老师，会背的一起来背。

7. 你能用书上的话加上"因为……，所以……"来说一说它为什么叫月亮毯吗？

（三）律动

学累了，我们来休息一下。我们跟着音乐跳起来，唱起来吧！

五、巩固练习

刚才我们学习了课文的前 2 个自然段，认识 4 个生字，还背了一小段课文，丁丁看大家学得这么认真，很想带我们走进埃及。我们回答对丁丁提出的问题就可以打开埃及的大门。你们有信心吗？好！我们出发！

1. 读生字。

师：丁丁要求我们正确地读出他们。

第一组同学开火车读一读。

师：嗯，不错都读对了。我们得到打开大门的金钥匙了！（课件出示金钥匙）

2. 我们准确地读出每一个词，钥匙就转动起来（埃及、骆驼、驼铃、驼背、图案、书案、案件、马匹、一匹布）

师：第二组同学开火车读一读。

师：读得真好，丁丁说今天我们学了这些新字，它们要换一个新地方，大家还能读对吗？（出示 3 个句子），同学练习读，再指生读。我们终于打开了大门，看！埃及的小朋友正欢迎我们呢！（课件出示埃及小朋友的画面）

六、指导书写

1. 这节课，还有 3 个要求我们会写的字。（课件出示：棉、匹、图）看看这几个生字你可以怎样记住他们呢？

2. 先自己想记字方法，再汇报交流。

3. 观察一下"棉"字，要想把它写得漂亮，你有什么建议？

看老师写"匹"字学生先在书上写，再在本上写。写"图"字时，需要注意些什么呢？

4. 播放轻音乐，学生书写。

（在学生写字的过程中教师边巡视边具体指导，充分体现了学法指导）

五、总结

这节课，我们不但认字，写字，还读了课文。丁丁全家人都喜欢月亮毯，出游时带着它，丁丁睡觉时枕着它，还做了一个奇异的梦呢！这些内容我们下节课再来学习。

执教：　靳婧玉

【评析】

语文教学目标一定要有语文学科的独特性，那就是培养学生学习和运用祖国语言这一交际工具，立足"字、词、句、篇"，提升"读、写、听、说"的能力。本课的教学是一堂选文识字的教学，教者时时刻刻不忘这条主线，力求学生能力的提升。

1. 教学方法的选择有助于三维目标落实

本课以随文读字为主要教学方法，使学生在读中感受作者的意图，尤其是教师对文中关键字词的点播、解读，学生对重点词语的认读、理解，体现知识与技能、过程与方法、情感态度与价值观的三维教学目标。

2. 以学生为主体，关注学生的个性差异

本课的设计充分调动学生学习的积极性，学生参与热情高，参与度高，无论是字词的认读还是课文的分析，教师在问题设计上都能紧紧抓住学生的心，仿佛身临其境，就似文中的小主人一般，不同的学生有不同的感受，在理解文章的时候教师顾及到各个层次学生的学习状态，促进学生全员互动，也充分尊重他们的个体差异，使每个人都乐在其中。

3. 预设与生成相得益彰

教师站在学生年龄、心理的角度，了解学生已有的知识经验、生活

体验与情感基础，在预设方案时根据教学需要和学生的心理活动规律适当留给学生一定的独立思考、回味反思的时间。在内容的教学设计上采用板块式，这样才会开放、有弹性。在课堂中，随着师生互动生成的不断推进，教师应根据学情的变化随机调整教学过程，增减教学环节，预设与生成相得益彰，正所谓教师只有"功在课前"，才能"成在课中"。

案例五　《渔歌子》教学设计

教学内容：

人教版小学语文四年级下册《渔歌子》

　　　　　　　　——自主性学习引路课

课文内容：

渔歌子

张志和

西塞山前白鹭飞，

桃花流水鳜鱼肥。

青箬笠，绿蓑衣，

斜风细雨不须归。

教学目标：

1. 能表达《渔歌子》的词意，体会作者的思想感情。

2. 背诵并默写这首词。

3. 想象这首词的画面，并描述出来。

教学重点：

学习词的内容，想象词中描写的情景。

教学难点：

结合词句展开想象，并能描述出来。

教学时间：一课时

学生准备：查阅资料了解有关词的知识，了解张志和，查找张松龄的词《和答弟志和渔父歌》。

教师准备：课件（包括词语、音乐、画面、自然界的声音、古诗等）

教学过程：

一、导入：识词，了解词牌

师：昨天，我们积累了一首词《和答弟志和渔父歌》，我们来背一背好吗？（齐背）

师：今天我们再来学习一首张松龄的弟弟张志和的词《渔歌子》，咱们先来读读"渔歌子"。渔歌子是这首词的词牌，古人用汉字表示音乐的节拍、旋律，这就是词牌。比如：念奴娇、清平乐、忆江南，还有渔歌子。有些词牌还能表示词的内容，比如，渔歌子，你会想到什么？

二、初读，读正确，读得有点"词"味

1. 初读

师：谁来把这首词完整地读一读（生举手）

师：为了读得更好，我建议大家别忙着举手，先看看注释认真地读一读，有时候理解了以后再朗读会读得更出色。（生朗读）

2. 指名读

师：看你读得这么有神，请你来试试好吗？（指名朗读）

师：会思考的人才是智者，听了他读的你有什么看法吗？（指名评价）

3. 教师范读

师：听了大家这么一读，我也想读了。（教师范读）

（指名评价，在评价的基础上总结方法：停顿、韵律、感情）

4. 美读词语

（指名试读）

过渡：我发现她把这几个词语读得像画儿一样美。

（1）课件出示：白鹭、鳜鱼、箬笠、蓑衣、斜风细雨、桃花流水。

（2）指名读词，读出画面美。

5. 按总结的方法再指名读。

三、想象，品出词中画

1. 老师配乐朗诵，学生想象画面

师介绍：词的作者是张志和，唐代书法家颜真卿是他的好朋友，夸他：酒酣兴起，或击鼓，或吹笛，舞笔飞墨。词中有画，画中有词。读了这么多遍了，你眼中呈现什么画面了？（闭目，听老师配乐朗诵）

2. 读出词中画

师：你的脑海中有些画面了吗？试着读一读，脑中最清晰的那个画面得让别人也能感受到。（生朗读）

师：读得有点儿画面的味道了，这样吧，动笔划划，这首词中写了哪些景物？（交流、指名说画面）

3. 师生共同展示画面，理解词义

指名说：

（1）不仅是这些景物啊，还有很丰富的色彩呢，你看到哪些色彩了？（生回答）

（2）这样说着，我似乎觉得这画面中还有一些声音，还能让人闻到一些气息。来，静静地，让我们走进这画面中，听听，再闻闻——

（课件：流水声、鸟鸣声、蛙鸣……）

师生总结：（音乐）远处，连绵起伏的山云雾缭绕，一群洁白的鹭鸶扑腾着翅膀，飞向青天，近处，桃花盛开了，斜风细雨中，花瓣带着点点晶莹的露珠飘落水中……从你陶醉的眼神中，我看到你心中的画面了，拿起笔，用心写下那画面。

4. 生，描绘心中的画面，并写出来。

5. 交流成果

6. 边想象边朗诵

师：此景此情，情不自禁想吟一曲《渔歌子》。（师生共同朗诵）

7. 品出人之情

师：我们似乎忘了什么？是画中的人。青箬笠，绿蓑衣，只留给我们一个背影，此时，你一定看到了他的神情了，是怎样的？（指名说）

小结：啊，青箬笠，绿蓑衣里藏着是一份悠闲和自在。来，让我们静静地站在桥上，任清风抚面，任细雨飘洒，任空气的芬芳扑鼻而来，吟诵——

（师生共同朗诵）

师总结读词方法：我们刚才通过词去想象画面，把短短的 27 个字想象成那么丰富的画面。这是读诗词的好方法。

四、拓展，品出"钓"中情

过渡：读出词中画，还读出词中人，诗词就有这样无限的想象空间。读诗歌，想象还不够，如果我们了解词人的生平，会有更多的发现。了解张志和吗？

1. 了解背景

师介绍：张志和不仅是诗人、画家，还精通音律。16岁，写折子给皇帝，写的是治国良方，皇帝很喜欢，赐名"志和"，后来因事被贬官，从此再也不作官，隐居在太湖一带，扁舟垂钓，自称"烟波钓徒"。他的哥哥张松龄怕弟弟隐居不回家，就作了一首词。（出示：《和答弟志和渔父歌》：乐是风波钓是闲，草堂松径已胜攀。太湖水，洞庭山，狂风浪起且须还。）

2. 和诗，品出钓中情

师：我当哥哥，你们就是张志和。咱们来一次作诗和诗吧。

师：乐是风波钓是闲，草堂松径已胜攀。太湖水，洞庭山，狂风浪起且须还。

生：西塞山前白鹭飞，桃花流水鳜鱼肥。青箬笠，绿蓑衣，斜风细雨不须归。

师：狂风浪起且须还。

生：斜风细雨不须归。

师：且须还哪！

生：不须归呀！

师：弟弟啊，为何不归？（指名说）

小结：明白了，世人哪得识深意，此翁取适非取鱼！张志和就这样直钩垂钓，天天在溪流边，这溪流就成了他的一面镜子，每天透过这面镜子，想着想着，仿佛自己就是跟一些神仙高人在谈话，后来写成《玄真子》。

3. 配音感情诵读

师：我们恍然大悟，张志和垂钓，钓来清闲，飘逸。也只有这样清闲飘逸的心，才会写出这样的千古绝唱。让我们再来诵读。（配乐）

五、延伸

过渡：垂钓，正是有这样丰富的内涵，所以，古诗就有很多写垂钓、渔翁的诗歌。

1．课件出示

绝句　柳宗元

千山鸟飞绝，万径人踪灭。孤舟蓑笠翁，独钓寒江雪。（配情景图）

2．齐读

师：你的脑中一定有了很多问号。（指名说，适时解答）

小结：像张志和一样，他的生命经历不同，对"垂钓"也有不同的体验，所以就有了这些耐人寻味、发人深省的诗歌。要读懂这些诗歌，我们得联系诗人的生活经历。

3．作业

查资料找出这首诗，了解作者，体会"钓"中情。

板书设计：

渔歌子

白鹭飞

悠闲的生活大自然的热爱

桃花流水　　鳜鱼肥

青箬笠　　　绿蓑衣

斜风细雨　　不须归

执教：张凤丹

【评析】

张老师执教的这节课古诗词单元的自主学习课是一节让人听不够的的古诗词课，古语到：书读百遍其义自见，本课的学习，使人感到诗读百遍其义也自见。从读中学生理解了本诗的内涵，体会到了作者的情感。

1．教学内容的选择有独到之处

教学内容是教师教和学生学的材料，是达成教学目标的中介，一堂课如果没有合适的教学内容，那么无论其教学方法怎样设计都不可能是成功的课。本节的主要内容是《渔歌子》，可教师在选择教学内容的同时又将《和答弟志和渔父歌》作为研读渔歌子的重要辅助诗篇引入课堂，使学生更深刻地理解了作者当时的处境与心境。教学内容开放，将有限的课堂与无限的生活沟通，处理好文本知识与课外拓展的关系。

2. 教学方法的选择恰到好处

教学方法受制于教学内容，"怎样教"服务于"教什么"。以往的古诗词课常是简单诵读，教师讲解，学生再熟读、背诵，因此感到枯燥乏味。而本节课始终没有离开读，读每一句都没有离开揣摩作者的心境，教师在教学方法的处理上无论是课件的辅助还是教学语境的选择都力求再现作者当时的情与景，使学生有置于其中的感觉，无论是《渔歌子》的诵读还是《和答弟志和渔父歌》的对和，都有一种不可阻挡之气势。

3. 教学评价的处理有匠心之处

教师将评价贯穿在读的教学的始终，有感情地读，设身处地地读，和读，使学生的思维始终处于积极状态，使他们的兴趣逐步升级。表面上是读，教师在评价学生的读，可学生在不知不觉中已融进文中，出口成章了。

案例六　《秋天的怀念》教学设计

教学内容：

北师大版小学语文六年级上册《秋天的怀念》

课文内容：

秋天的怀念

史铁生

双腿瘫痪以后，我的脾气变得暴躁无常，望着望着天上北归的雁阵，我会突然把面前的玻璃砸碎；听着听着李谷一甜美的歌声，我会猛地把手边的东西摔向四周的墙壁。母亲这时就悄悄地躲出去，在我看不见的地方偷偷地听着我的动静。当一切恢复沉寂，她又悄悄地进来，眼圈红红的，看着我。"听说北海的花儿都开了，我推着你去走走。"她总是这么说。母亲喜欢花，可自从我瘫痪以后，她侍弄的那些花都死了。"不，我不去！"我狠命地捶打这两条可恨的腿，喊着："我活着有什么劲！"母亲扑过来抓住我的手，忍住哭声说："咱娘儿俩在一块儿，好好儿活……"

可我一直都不知道，她的病已经到了那步田地。后来妹妹告诉我，母亲常常肝疼得整宿整宿翻来覆去地睡不了觉。

那天我又独自坐在屋里，看着窗外的树叶"刷刷啦啦"地飘落。母亲进来了，挡在窗前，"北海的菊花开了，我推着你去看看吧。"她憔悴的脸上现出央求般的神色。"什么时候？""你要是愿意，就明天？"她说。我的回答已经让她喜出望外了。"好吧，就明天。"我说。她高兴得一会儿坐下，一会儿站起。"那就赶紧准备准备。""哎呀，烦不烦？几步路，有什么好准备的！"她也笑了，坐在我身边，絮絮叨叨地说着："看完菊花，咱们就去'仿膳'，你小时候最爱吃那儿的豌豆黄儿。还记得那回我带你去北海吗？你偏说那杨树花是毛毛虫，跑着，一脚踩扁一个……"她忽然不说了。对于"跑"和"踩"一类的字眼儿，她比我还敏感。她又悄悄地出去了。

她出去了，就再也没回来。

邻居们把她抬上车时，她还在大口大口地吐着鲜血。我没想到她已经病成那样。看着三轮车远去，也绝没有想到那竟是永远的诀别。

邻居的小伙子背着我去看她的时候，她正艰难地呼吸着。别人告诉我，她昏迷前的最后一句话是："我那个有病的儿子和我那个还未成年的女儿……"

又是秋天，妹妹推我去北海看了菊花。黄色的花淡雅，白色的花高洁，紫红色的花热烈而深沉，泼泼洒洒，在秋风中正开得烂漫。我懂得母亲没有说完的话。妹妹也懂。我俩在一块儿，要好好儿活……

教学目标：

1. 体会作者是透过生活中的小事表达自己对母亲的怀念，从而培养学生关心长辈、尊敬长辈的思想。

2. 自学课文中的生字词，感受一件件不起眼的小事在文中的作用。

教学重点：

概括母亲关心"我"的具体事例。

教学难点：

从一件件小小的事情中体会作者表达的思想感情。

教学准备：课件

教学过程：

一、导入

用史铁生的《合欢树》中的一段话引入，让学生体会作者表现的思想感情，引出今天所要学习的课文《秋天的怀念》。

二、理解课题

读课题，分析课题，并带着自己的感情读课题。

三、深入理解课文

1. 带着问题自由读文

思考：课文主要体现了作者的什么情感？

2. 文章主要从哪些地方体现了母亲对孩子的爱？

（1）从两次看花入手分析课文

第一次母亲提出看花，结果如何？（没有去成）为什么？

目的：引出由于作者的脾气变得暴躁无常，而没有去成，通过仔细的阅读课文的第一二自然段，找出描写作者脾气暴躁无常的句子，并联想作者的情绪读出那份暴躁。

（2）对比

作者暴躁无常，那么面对如此暴躁无常的儿子，母亲又是如何做的呢？找出关于母亲的句子，想一想，体现了母亲什么情感。

（3）读文

带着母亲的这种情感，进行课文朗读。

重点指导："咱娘俩在一块儿，好好儿活，好好儿活……"

（4）作者如此对待母亲，其实还有其他原因

通过过渡段，引起下文。

（5）面对儿子的暴躁，母亲第二次提出看花，结果如何？

（儿子同意看花）

面对着同意看花的儿子，母亲的表现如何？

抓住母亲的一系列动作，仔细体会母亲对儿子的爱。

223

（6）母亲病重，临死前的却还惦念着儿子和女儿。此处是文章情感的一处升华，抓住母亲没有说完的话，让孩子们结合上下文，体会母亲没有说完的话到底是什么？同时加深同学们对于"好好儿活"的理解。

重点指导朗读。

（7）配乐读文

读最后一自然段，理解作者知道了母亲的良苦用心，最后在菊花面前怀念母亲。

四、纵观全文，情感升华

在忧伤的音乐背景下，老师范读文章，同学们朗读文章，再次体会全课的情感基调！

五、板书设计

秋菊绽放 ——怀念→ 母亲 {我摔东西时，躲 / 精心照料，花都死了 / 病重还搀我，去看菊花 / 不提"跑""跳"等} 爱"我"

执教：段　磊

【评析】

本文教学的一个显著特点是全篇都围绕着一个"情"字展开，以情动人，以情感人。教师在处理教材上，注重抓细节，从一件件小事中挖掘蕴含的思想感情，具体体现在：

1. 从学生实际和教学要求出发，立足教材，又不局限于教材，充分发挥教师的主观能动性，适当拓展教材，使教学内容更丰厚，更接近学生的认知水平，更有利于学生发展。教师要在重视学科知识学习和学科技能训练的同时更加注重语文生命性、人文性的感悟和表达。

2. 教学过程中能利用各种教学手段有效地促进生生互动，教师与学生的对话平等，教师对学生学习行为的评价语言丰富，注重学习方法的指导，对课中生成的各种资源能机智地进行重组和利用，注重课内外结合。

3. 教学方法是达成教学目标的途径。教学有法，但无定法，贵在得法。教师要尽量做到"以学定法"。教学中教师采用的教学方法无论是情景创设还是谈话交流都能很好地引起学生的兴趣，适应学生的生理、心理特征。

案例七 Lesson 4 What do you do after school?

Teaching Aims

1. 通过 CAI 课件，师生交流，说一说、做一做、演一演、写写记记等活动，学生能听说读写动作短语 "clean the classroom"，" play basketball"，"sweep the floor"，"play games" 并能熟练地在语境中应用。

2. 通过在真实语境中自由交流，对话表演，学生能掌握句型 "What do you do after school？" 并能在理解课文基础上跟读，创新表演活动，知道放学后早回家，并做到劳逸结合。

Focal and Difficult Points

1. 掌握动词短语

2. 听说表演会话

Teaching Aids

Sports things，cleaning tools，CAI 课件，recorder，etc

Teaching Procedures

一、**Warming up and Chant**

1. Greet and have a free talk

Hello，boys and girls. How are you going today?

Do you have classes today?

When do you have classes today?

Do you have an English class today?

2. Say a chant Time

二、**Presentation and Practice**

（一）Club Acitvities（Free talk）

1. Ask and answer（to the new drill）

T：Time is always on the wing？What day is today？（Wednesday）

We have club activities today？What do you do？（on the black-board）

2．Have a free talk

I play football/play ping pong/learn to sing/play basketball/play games（用英语说出自己所参加的俱乐部活动）

3．Watch TV

Watch TV，know new phrases，play basketball，play games（Try to read，write and remember）

4．Play a game

Make a survey 看看谁参加了什么俱乐部活动

eg：T：Play basketball. 篮球队的队员起立并说 "I play basket-ball."

（二）Cleaning the classroom

1．Listen and look（CAI）

School is over ．The children go home after school，but Linda doesn't go home. She is at school. What does she do after school？

Clean the classroom（on the blackboard）

2．Help Linda clean classroom

What do you do after school ？（学生小组交流帮助 Linda 打扫教室自己会做什么，自学与打扫教室有关的工作任务。）

3．Try to say：Help Linda clean the classroom. What do you do after school ？

Sweep the floor（on the blackboard）

（三）Look ，listen and say

1．Listen the text，anwer the questions.

2．Listen and read after the tape.

3．Read in pairs.

（四）Have a free talk and act Topic：What do you do after school ？

三、**Summary and Homework**

Homework：What do you do after school？说给父母和同学听并用英语写下来。

四、On the blackboard

Lesston 4

What do you dou after school?

Play basketball　　clean the classroom

I play games　　sweep the floor

执教：兰秀君

【评析】

教学目标明确，教材处理得当，教学容量和难度适合学生水平，教学内容机构严谨合理，层次清楚，过渡自然，符合学生的认知规律，学生学习兴趣浓厚，思维活跃，敢于开口，乐于参与教学活动，各层次学生均有不同收获，尤其在培养学生的学习自信心方面做得比较成功：

1. 重视激发学生的热情和兴趣，为学生营造良好的学习氛围。教师要对教学充满激情，对学生充满爱心。在教学中，教师通过自己的言行、表情传递给学生亲切、鼓励、信任、尊重和赞许的情感信息，使得学生不怕出错，敢于开口讲英语，从而帮助学生树立起自信心、自尊心，使得学生获得良好课堂学习环境中的成功体验。

2. 尊重学生个性差异，适时地给予肯定和鼓励。在课堂教学中，教师密切关注每个学生的一点一滴的进步，给予学生及时充分的肯定与鼓励，培养学生的自信心。

3. 引导学生表现自我，增强自信，体验成功的喜悦。没有什么东西比成功更能激起进一步追求成功的努力。从根本上说，要让学生正确认识自我，让他们有机会表现自我，体会到"跳一跳就能摘到桃子"的成就感。在这堂英语教学中，教师积极创造条件和环境，使学生尽可能多开口，在乐趣和活动中积极表现自我，体验到了成功的愉悦，增强了学习英语的自信。

案例八 《下沉的物体会受到水的浮力吗》
教学设计

教学内容：

教科版小学五年级下册《下沉的物体会受到水的浮力吗》

教学目标：

1. 学生知道下沉的物体在水中都受到浮力的作用，我们可以感受到浮力的存在，可以用测力计测出浮力的大小。

2. 理解下沉的物体浸入水中的体积越大，受到的浮力也越大，当物体在水中受到的浮力小于重力时就下沉。

3. 能够设计实验验证下沉物体在水中受到浮力的作用，用弹簧秤测量下沉物受到水的浮力的大小。

4. 会画示意图，运用浮力和重力的概念，解释物体在水中的沉浮。

5. 体验实验验证的重要意义。懂得数据在分析解释现象过程中的重要性。

教学重点：

下沉的物体在水中都受到浮力的作用，我们可以感受到浮力的存在，可以用测力计测出浮力的大小。

教学难点：

设计实验验证下沉物体在水中受到浮力的作用，用弹簧秤测量下沉物受到水的浮力的大小。

教学准备：

每组一个弹簧秤、一个钩码、一个水槽、三块大小不同的砖块、细线、实验记录表。

教学过程：

一、问题导入

谈话：我们已经知道了浮在水面上物体会受到水的浮力作用，那么沉入水中的物体会受到水的浮力吗？

出示砖块，讲述：这样一块砖块，它在水中会不会受到浮力呢？

学生做出猜测。

谈话：每组桌上都有一个砖块，你们自己试试看，把它放入水中，再慢慢地提起来，有什么感觉？

学生活动：实验把砖块放入水中，提出水面，感觉轻重。

学生交流。

启发：刚才我们的做法有没有不严密的地方呢？能不能改进？小组同学间商量商量。

学生小组合作研究，讨论设计验证方法。（特别要求把自己的方法用图示画出来。）

学生交流研讨结果。在研讨中形成一个切实可行的方案。

二、测量下沉物体受到的浮力大小

出示：实验过程的提示，并进行讲解。

1. 测量钩码在空气中受到的重力（重量）。

2. 测量钩码分别浸入水中不同位置时对弹簧秤的拉力，记录在表格中。

3. 计算钩码受到的浮力大小，与钩码排开的水量进行比较，找出其中的联系。

下沉的物体在水中都受到浮力记录表

	小部分浸入水中	大部分浸入水中	全部浸入水中
在空气中的重力			
在水中的重力			
浮力大小			
排开的水量			

4. 分别测量大、中、小三块石块完全浸入水中时受到的浮力大小，记录在表格中。

5. 计算石块受到的浮力的大小，与它们排开的水量进行比较，找

出其中联系。

	小石块	中石块	大石块
在空气中的重力			
在水中的重力			
浮力大小			
排开的水量			

6. 分析两次测量所得数据，找出下沉的物体在水中受到的浮力大小规律。

学生分组活动：进行实验验证。

学生交流实验结果：下沉的物体也受到水的浮力，而且浸入水中的物体体积越大，受到的浮力越大。

三、用浮力和重力的关系解释沉浮现象

讲述：物体在水中受到的浮力大小与浸入水中的体积（排开的水量）有关，浸入水中的体积（排开的水量）越大，受到的浮力越大。你们能试着用物体在水中的受力示意图来解释沉浮的原因吗？并配合用公式表示物体沉浮的原因。

学生分析交流。

四、总结概括

谈话：这节课你学到了什么？

看书质疑：还有什么问题吗？

五、板书设计

> 6.下沉的物体会受到水的浮力吗？
> 会受到水的浮力
>
> 物体进入水中的体积越大，受到的浮力也越大
> 浮力小于重力，下沉
> 浮力大于重力，上浮

执教：于景秀

【评析】

这是一节很典型的采用探究教学模式的课例，教师创设了"一块砖块，它在水中会不会受到浮力呢？"的问题情境，再"让学生把放入水中的砖块慢慢地提起来的，有什么感觉？"从而提出假设，再测量下沉物体受到的浮力大小，从而找出下沉的物体在水中受到的浮力大小规律，获得结论。在这一系列的活动中，学生亲身经历科学的探究过程，问题意识浓厚，善于观察，大胆实验，按要求正确操作，探究（实验）过程合理、朴实，学生积极动脑动手动口，在提出问题和解决问题的过程中形成一定的能力和方法，学生质疑问难，思维活跃，有创见。

根据教学内容特点，以"培养学生科学探究的能力"为核心，在课堂中体现课程标准中的三维目标教学要求，符合学生学习的心理规律和学科教学特点。层次分明，过渡自然，密度适中，可操作性强。重点突出，时间分配合理。

案例九 《大树和小树》教学设计（美术）

教学内容：

辽海版小学美术第四册《大树和小树》

设计思路：

大树和小树是二年级第二单元第二课，本课是让学生从局部感受春天，从表现树来进一步走进春天，树是表现对象，而认识大小，并在同一画面中表现大树和小树则是本课的重点。本课将从谈春天、比较大小、大树的联想，到让学生示范试画大树、师生完善构图、学生自主创作等方面来解决本课的教学重点和难点。

教学目标：

1. 通过对树的表现，学习通过整体观察、认识和辨别大的和小的。

2. 在比较中体验同一画面中大与小的组合。

3. 通过对树木的表现，使学生进一步感受到大自然的美。

教学重点：

认识大与小，并在同一画面中表现大树和小树。

教学难点：

如何运用并列关系或前后遮挡关系来表现大树和小树。

学习材料准备：

大小对比的动植物图片、图画纸、油画棒、图画本等绘画工具。

教学过程：

一、谈话导入

1. 同学们，现在是什么季节？（春季）

2. 你从那些地方看到春天来了？

答案预设：冰河融化了、小草树绿了、迎春花开、燕子飞回来了、农民伯伯开始耕地了、我们可以迎着春风放风筝了、冬眠的小动物苏醒了……

3. 看，谁来到了我们的课堂上？（树）

（师出示大树和小树）比较一下，这两棵树有什么不同？

大树和小树（板书课题）

二、大树来提问

大树带来了几个问题你们能帮他解决吗？

问题一：

通过比较树有大有小，你还能找到那些大小对比的动植物呢？

（大花和小花、大鸟和小鸟、大果实和小果实、大马和小马……）

问题二：

课前你们收集到了那些关于大树的资料了？

（答案预设：如树的种类、东北最大的树、全球最大的树、植树节、树对人类的贡献……）

问题三：走进大树的世界，概括大树的形状。

课件展示种类繁多、形态各异的大树。

我们可以把大树概括成几个部分呢？（根、干、枝、叶）

师出示相应部分图片。

三、试画大树

1. （准备三张白纸）谁想到前面来画一棵树？

2. 你能给他提出些宝贵意见吗？

如：枝比较少。

3. 对于这张纸来说，你觉得它算大树还是小树呢？

我们为大树妈妈画宝宝。或者我们为小树找妈妈。

（完成大树和小树的构图）

4. 在大树和小树的家里，还有哪些伙伴陪着他们呢？

（答案预设：树下的小草、小花……树上有鸟的家，有飞来飞去的鸟，天上飘着白云……）

（答案预设：树下小朋友捉迷藏，小动物跑来跑去，小朋友放风筝……）

（答案预设：大树和小树迎着春风向我们招手，春雨滋润着大地……）

四、创作想象

同学们，你们能运用手中的笔，画一幅大树和小树的画吗？

师：大树和小树还有要求呢！

创作要求：1. 体现出大树和小树。

2. 大树小树设计得有自己的特点。

3. 大树和小树不孤单。

比一比谁的创作精彩！（生画画，师巡视指导）

五、欣赏评价

1. 谁愿意把你的大树和小树的故事讲给大家听一听？精美的小礼品等着你呢！

2. 同学们：大树和小树也遇到困难了，现在他们面临着危险，有很多人乱砍乱伐，他们的许多伙伴都牺牲了，你们快想想办法，帮帮他们吧！

（答案预设：警示牌、倡议书、劝说父母、多植树……）

3. 同学们的主意真好，有了你们这些有爱心的好孩子，我们的树会过得更加开心和快乐！它们会更加努力地为人类做贡献，让我们的地球更加美丽！

热教：李明阳

【评析】

爱玩是孩子的天性,尤其本课所面对的是二年级学生,他们正处在"玩不够"的年龄段,活泼好动,思想无拘无束,有惊人的想象力,但相对来说,又存在自制力差、对事物的注意不能持久且动手能力较弱的弱点。本课的设计即针对以上特点,是一节教孩子们"玩"的课。教师如何让学生在玩中学,在玩中创新,就成为本课的重中之重。纵观全课,以"问题为中心",抓住"玩"字来展开教学。整节课的设计围绕着中心问题——"大树和小树"来展开教学的,让孩子们在质疑中解惑。设置这样的中心问题,有利于学生领会本课的意图,全面落实教学目标,体现审美主线与创新精神的培养,提高学生知识的整体性,激发学生学习的兴趣。

案例十 《人们叫我唐老鸭》教学设计(音乐)

学习目标:

1. 通过聆听《一个师傅三个徒弟》《啊哈,黑猫警长》动画片主题曲,引导学生创造性表现音乐旋律中塑造的动画人物形象,培养学生的音乐想象力和表现力。

2. 指导学生用欢快活泼而有弹性的声音演唱《人们叫我唐老鸭》,引导学生充分表现作品特有情绪。

教学重点:学唱歌曲。

教学难点:弱起小节。

教学准备:电脑、课件、头饰、钢琴

教学流程:

一、创设情境

学生随音乐律动进教室,师生互相问好。(播放音乐《洋娃娃和小熊跳舞》)

二、激趣导入,创编表演

1. "今天,在这熟悉的教室里,来了许多熟悉和不熟悉的老师,看着这些亲切的老师,大家的笑容更灿烂了。今天老师也格外高兴,咱们来一起欣赏一组动画片吧!"(电脑播放动画片课件《一个师傅三个徒

弟》《啊哈，黑猫警长》)

2. "你喜欢哪部动画片呢? 里面都有什么角色呢?"

A. 《一个师傅三个徒弟》说出主要人物，模仿经典动作

B. 《啊哈，黑猫警长》人物：黑猫警长、白猫警长、白鸽探长、一只耳进行模仿

3. "大家模仿得惟妙惟肖，谁能到前面来随着音乐表演你最喜欢的角色呢?"(学生戴头饰表演《西游记》和《黑猫警长》，座位上的学生演唱主题曲)

三、学习歌曲

"刚才，老师从大家的身上看到未来的明星和表演大师，下面咱们来挑战一个有难度的。(播放《人们叫我唐老鸭》) 唐老鸭个性的音调很幽默，歌曲也很好听，咱们也来学一学!"

1. 学生有感情地朗读歌词

2. 学生按节奏读词，攻克难点

×× | × × × × × | × × × - | × × × × × × | × × × × × ×|

每天 呷呷叫，每天 叫呷呷 ，呷呷叫，叫呷呷，每天起来呷呷

弱起的乐句要数准拍子，反复分组练习，直到学生准确掌握

3. 随琴唱词，随时纠正错误

4. 完整唱词：第三乐句的同音重复部分要反复练习

5. 巩固练习：个唱、分组唱、随伴奏齐唱相结合

三、歌表演

师：唐老鸭走路摇摇摆摆的样子真可爱，咱们来表演一下。

生：学生戴头饰随音乐进行歌表演，学生拍手齐唱。

四、小结

熟悉的旋律依旧在耳边萦绕，我们的心依旧被那些顽皮可爱、英勇机智的动画偶像占据着，它们让我们分清了生活中的美丑与善恶。最后让我们用歌声表达心中美好的情感吧!(学生唱着歌表演出教室)

执教：杜荣杰

【评析】

低年级学生活泼，好动，自制力差，因此，教师的教学活动应以游戏为主，注重自主、合作、探索的学习方式，让学生在有趣的活动和游戏中自主学习新知识，运用新知识。要针对他们的身心特点设计音乐教学活动，巧妙地运用评价，激活课堂教学，提高音乐课堂教学质量，促进学生身心和谐发展。

本课教师选择学生喜欢的《一个师傅三个徒弟》《啊哈，黑猫警长》的片段，导入新课，把学生一下子就带到了他们熟悉的童话世界，为新课的学习做好了铺垫。学生有感情地朗读歌词，学生按节奏读词，随琴唱词，完整唱词，同音重复部分反复练习。个唱，分组唱，随伴奏齐唱，教学方法灵活多样，富有启发性，讲究实效。注重培养学生对音乐的体验和表现能力，面向全体，以学生主体性活动为中心，情感教学贯穿始终。

教材处理有创意，塑造正确的音乐形象——歌表演，注重培养学生的审美意识，通过情感渗透，使三维目标落实到位，让学生分清了生活中的美丑与善恶。

参考文献

1．张学斌．新课程教学设计概论［M］．大连：辽宁师范大学出版社，2002．

2．皮连生．教学设计——心理学的理论与技术［M］．北京：高等教育出版社，2000．

3．乌美娜．教学设计［M］．北京：高等教育出版社，1994．

4．王书臣等．新课程教学设计——数学［M］．大连：辽宁师范大学出版社，2002．

5．何克抗．教学系统设计［M］．北京：北京师范大学出版社，2002．

6．沈丹丹．小学数学教例剖析与教案研制［M］．桂林：广西教育出版社，2004．

7．陈庆贵．多媒体教学设计方案选：小学数学［M］．北京：科学出版社，2002．

8．马云鹏，孔企平．新课程理念下的创新教学设计［M］．长春：东北师范大学出版社，2005．

9．林宪生．教学设计的概念、对象和理论基础［J］．电化教育研究．2000（4）．

10．郑金洲．说课的变革［M］．北京：教育科学出版社，2007．

11．徐世贵．素质教育与优化课堂设计［M］．大连：大连出版社1998．

12．皮连生．教育心理学［M］．上海：华东师范大学出版社，

1997.

13. 吴亚萍，王芳. 备课的变革 ［M］. 北京：教育科学出版社，2007.

14. 王丽娟，张亿钧，李少斌. 教学设计 ［M］. 海南：南海出版公司. 2003.

15. 何克抗等. 教学系统设计 ［M］. 北京：北京师范大学出版社，2009.

16. 蔡敏. 当代学生课业评价 ［M］. 上海：上海教育出版社，2006.

17. 徐英俊. 基础教育新概念丛书：教学设计 ［M］. 北京：教育科学出版社，2001.

18. 全国十所重点师范大学联合编写. 教育学基础 ［M］. 北京：教育科学出版社 2002.

19. 李琼. 教师专业发展的知识基础——教学专长研究 ［M］. 北京：北京师范大学出版社，2009.

20. 续润华. 建构主义学习理论对我国中小学教师继续教育改革的启示 ［J］. 成人教育. 2008.

21. 徐丽华. 小学数学课堂教学新论 ［M］. 杭州：浙江大学出版社，2005.

22. 汪振海. 微格教学法在教学技能培训中的应用 ［J］. 电化教育研究. 2000（3）.

23. 金成梁. 小学数学教学概论 ［M］. 南京：南京大学出版社，2003.

24. 范畟簨. 华人如何学习数学 ［M］. 南京：江苏教育出版社，2005.

25. 田华文. 探索微格教学训练模式提高教学技能训练效果 ［J］. 电化教育研究. 2003 第 7 期.

26. 徐斌艳. 数学教育展望 ［M］. 上海：华东师范大学出版社，2001.

27. 曹艳荣. 小学数学课程与教学论 ［M］. 郑州：郑州大学出版社，2007.

28. 北京师联教育科学研究所编. 新课标通用创新教学设计案例精选 小学高级语文［M］. 北京：学苑音像出版社，2004.

29. 徐世贵. 新课程怎样听课评课［M］. 天津：天津教育出版社，2006.

30. 靳玉乐. 新课程改革的理念与创新［M］. 北京：人民教育出版社，2003.

31. 张丹. 小学数学教学策略［M］. 北京：北京师范大学出版社，2010.

32. 义务教育数学课程标准研制组. 义务教育课程标准实验教科书·数学教师教学用书［M］. 北京：北京师范大学出版社，2007.

33. 孔企平，胡松林. 新课程理念与小学数学课程改革［M］. 长春：东北师范大学出版社，2002.

34. 李光树. 小学数学教学论［M］. 北京：人民教育出版社，2003.

35. 刘晓玫. 小学数学教学研究［M］. 北京：首都师范大学出版社，2005.

36. 张晓霞. 小学数学课程与教学论［M］. 成都：四川教育出版社，2006.

37. 马云鹏，孔凡哲，张春莉. 数学教育测量与评价［M］. 北京：北京师范大学出版社，2009.

38. 张玉田等. 学校教育评价［M］. 北京：中央民族学院出版社，1997.

39. 余林. 课堂教学评价［M］. 北京：人民教育出版社，2010.

40. 吴亚萍，王芳. 备课的变革［M］. 北京：教育科学出版社，2007.

41. 王丽娟，张亿钧，李少斌. 教学设计［M］. 海南：南海出版公司. 2003.

42. 张海燕. 微格教学模式新探［J］. 辽宁师范大学学报. 2003(4).

43. 方红，常利梅. 科学（小学卷）教学实施指南［M］. 武汉：华中师范大学出版社，2003.

44. 徐英俊. 基础教育新概念丛书——教学设计 [M]. 北京：教育科学出版社，2001.

45. 全国十所重点师范大学联合编写. 教育学基础 [M]. 北京：教育科学出版社，2002.

46. 李琼. 教师专业发展的知识基础——教学专长研究 [M]. 北京：北京师范大学出版社，2009.

47. 刘家访. 上课的革命 [M]. 北京：教育科学出版社，2007.

48. 皮连生. 教育心理学 [M]. 上海：华东师范大学出版社，1997.

49. 吴亚萍. "新基础教育"数学教学改革指导纲要 [M]. 桂林：广西师范大学出版社，2009.

50. 庞维国. 数学学习与教学设计 [M]. 上海：上海教育出版社，2005.

51. 沈建国等. 小学数学课程教学论 [M]. 郑州：郑州大学出版社，2008.

52. 刘岗. 数学学习评价策略研究 [D]. 西北师范大学，2007.

53. 林存华. 听课的变革 [M]. 北京：教育科学出版社，2007.

54. 黄甫全. 新课程中的教师角色与教师培训 [M]. 北京：人民教育出版社，2003.

55. 范文贵. 小学数学课程教学 [M]. 上海：华东师范大学出版社，2011.

56. 林立. 小学英语教学研究 [M]. 北京：北京首都师范大学出版社，2004.

57. 范良火. 教师教学知识发展研究 [M]. 上海：华东师范大学出版社，2003.